金錢心態

お金の減らし方

森博嗣
MORI Hiroshi

童唯綺——譯

CONTENTS

前言　008

01 錢為何物？　026

錢原本就是虛擬的／金錢是保障社會產物／金錢是衡量價值的尺規／金錢是為了等價交換而誕生／價值是為誰而生？／為了他人而花錢的人們／該怎麼做才能認清價值？／瞭解自己的欲望才是根本／跳脫「價值＝價格」的數字陷阱／不被價格所左右／新時代的溝通方式來臨／因為沒錢所以辦不到？／誤認金錢有價值／認清自己的欲望／立下目標，讓上班更開心／不留下爛攤子／價值的時間變化／天下沒有白吃的午餐／並非金錢至上／互換交易讓個人得到自由／取得自身滿足為最終目的／先吃虧，後占便宜／標準在於自己，勿與他人比較／捍衛自由的費用／對於必需品斤斤計較／困擾的丈夫&辛勞的妻子物語／開闢新活路是起死回生的一擊／成為作家後的人生／只買不賣／從不為錢所困／只有二次例外而已／過時的日本文化—厭惡金錢／金錢是考量可能性的工具

02

金錢為何而用？ 066

公開焚燒鈔票的母親／沒有看緊荷包是什麼意思？／「想要買點什麼的」症候群／「單品豪華主義」心理／「因為是自己做的」這個藉口／製作越多就越便宜／越熱賣的越貴／不買「以販賣為前提」的物品／自己買的東西自己消耗／自己

手作的能增加價值／十年前的貧窮人生／陷入不得不買的陷阱／購買前請三思／你真的想要嗎？／你真的需要嗎？／想像你在無人島／想要被別人認同的症候群／為了解壓而花錢／給不知道自己想要什麼的人們／只追求眼前的快樂會越來越空虛／為了你的未來而花錢／母親當年買給我的斜口鉗／人生中僅此一次的貸款／奢侈品也可以消耗／購買保時捷911／因為必要性而買車／我不認為不能奢侈／不追求著裝／住宅只是單純的工具而已／買地的首要考量／與孩子之間的關係

03

金錢增法術 106

請勿上當／確實增加收入的第一種方式／迅速賺錢的第二種方式／承擔風險而增加收入的第三種方式／風險更高的第四

種方式／賭博是冠冕堂皇的金錢減法術／單方面的收受金錢／遺產到手為時已晚／人們的工作漸漸變得輕鬆／工學院的就職斡旋／擁有一技之長／工作量與薪水不成正比／學好工作技能／關於就職與轉職／重返校園的社會人士／辭去工作開始作生意／為了得到感謝而工作／前輩不傳授工作的症候群／以厭惡感換取金錢／討厭念書／攻讀研究所／成為研究員／人生的全盛時期／成為助理教授後的體會／工作效率低落／為了實現想做的事情／既不留戀工作，也沒有憧憬／不把興趣當工作／不瞭解自己的人們／為未來打算訂定策略

04

沒有錢所以辦不到？ 142

「沒有錢」是什麼意思呢？／人們總是選擇能滿足欲望的道路／社會是由「理性」構成的／你是被誰支配著的呢？／為

什麼得到家人的支持是必要的呢？／限制個人精神上的束縛／為了得到周遭人們的支持／為了達成目的之必要犧牲／想以沒有錢當作藉口的人／真正的興趣是不會邀請朋友一起玩的／「因為沒有錢的關係」這句話其實很失禮／買不到夢想的人們／不將夢想依附於他人／知道自己想要什麼的好處

05

我的「價值」哲學

160

看起來很了不起的人，其實沒什麼了不起／被看得起有什麼好處呢？／追求興趣，也可以成為有錢人／做著不感興趣的工作／入手反而增值？／只要努力就能創造價值／活用自己的最愛／大家都對自己喜好的事物很博學／價值從內在培育／購物也是一種投資／放眼展望未來性／淨是想買也買不起的東西／展開尋覓之旅的年輕時代／網際網路是劃時代產物

／網路拍賣改變了世界／個人手作具有價值的時代來臨／有價之物不會在市場中販售／特殊物品有獨家的流通管道／向懂得價值的人傳遞價值／價值取決於評價者／可以輕易滿足物欲的時代

06

零物欲的人生真的好嗎？ 186

對於欲望麻痺的人／隨波逐流很安心／把工作當成興趣的人／抒解壓力才是生存目的／像孩子一樣誠實地面對自己的憧憬／不要錯過突如其來的直覺／我從未後悔過／保持好奇心／回想眼裡閃耀光芒的時刻

後記 198

前言

我其實從來沒想過要出書，都是因為出版社的邀約才持續寫下去的。寫作就是我的工作，我自始至終都是一位專職的文字工作者，既非藝術家也不是啟蒙者，完全沒有想要將自己的意見在社會廣為流傳並受公評，我只是想要誠實坦率地將內心的想法直接用文字表達。所以我不曉得這本書究竟能對誰有所幫助，即便完全沒幫助也沒關係，假設這本書無法對任何人有建設性的幫助，我想接下來應該就沒有工作上門了吧！如果真的是這樣我也無所謂啦。

上述的立場，是到目前為止我所出版過的所有書籍的共同點。不過我覺得編輯可能會說：「一開始就突然講出自己的真心話這樣好嗎？」

在這世道中，如果什麼都以主觀斷定口吻來敘述，會被批判是「自以為了不起」、「這人口氣好狂妄」。就像商品是為了製造給消費者，所以要像對待神明一樣謙卑、誠惶誠恐，並且高規格處理才行吧！因為這類的事情相當麻煩。為了以防萬一，沒有必要介入的事，我都敬而遠之，所以現在完全沒有讓我不開心的事情。

任性又叛逆的作者

說起來，這本書原本邀約執筆的主題是「金錢加法術」，這主題可以說是再正當不過了。但若真的有這樣的方法誰不想知道？假設真的知道，應該也不會想隨意告訴任何人。看到這裡，我想各位讀者多少感覺得到我「莫非不是要寫這個」，尤其是瞭解我的讀者們，一定更會這麼認為。

之前接下同系列「作家的專注力」的邀稿，結果我寫了《不需要有專注力》這本書。我是全天下公認任性又叛逆的作者，應該也能預期到我理所當然地唱反調。長期下來，已經有些讀者習慣了我的寫作風格，也應該可以自然而然地想到會是這樣的結果。以我反其道而行的個性，如果受邀寫「金錢減法術」，也許我會往「金錢加法術」的方向考慮吧（開玩笑的）！

沒有偏財運

到頭來我還是不解為何會被邀約撰寫「金錢加法術」這個主題。

我從來沒有過增加收入的經驗，不如說，我認為金錢不會增加才是正常的。我努力回顧過往的人生，再怎麼死命地回想，也沒有過自己努力想增加收入的記憶。說起來，大約在四十年前，銀行的定存利率為7％以上，如果定存期間長達十年的話，存款就會變成二倍左右，但當時的我很窮，一直過著幾乎沒有存款的生活。

在過去的「泡沫經濟」時代裡，買NTT股票就能賺到錢，轉手土地或住宅就能賺錢，周遭充斥著「景氣好」的話題，不過我完全沒有興趣。自認為這個話題與我的世界沾不上邊，因此對這些消息充耳不聞。

那時我剛結婚也剛開始工作，而且孩子也才出生不久，我領的是國家公務員的廉價薪水，當時我的大學同學在建築公司上班，薪水是我的二倍。我算是早婚，生了兩個孩子，讓我最敬愛的妻子（一路走來跟著我吃了不少苦，這裡特別尊稱她）無法工作。我們夫妻倆的父母因為住得太遠，也沒能得到他們的支援。

即使在這樣的狀況下，結婚第二年在第一個孩子誕生時，我們仍搬到新的大樓，那時租金占我的薪水高達48%，雖然這個選擇有些冒險，但也是考慮到未來的決定。那棟大樓裡住著很多大學附屬醫院的醫師，那時我的妻子甚至因為沒有錢而無法和那些貴婦團（媽媽們的小圈子）一起去咖啡廳奢侈地喝下午茶。現在才開始反省自己，當初我怎麼沒有「被離婚」。詳細內容請待後續章節詳談。

無痛存錢法

這樣省吃儉用，縮衣節食的生活大概持續了十年左右吧。因為是國家公務員也是大學教職員，每年有一定的加薪。對照當時社會不景氣的通貨緊縮狀態、物價下跌，東西都變得很便宜，我們家就這樣自然而然地脫貧成功。

從我就職大概過了十五年後，薪水已經調漲到兩倍以上。不過接下來孩子們要上大學，就算考量到經濟狀況而刻意安排上國立大學是必要條件，但在很遠的國立大學還是要負擔住宿費。當時只是茫然地想著：「真困擾啊！」然而，即使這樣我還是沒有思考如何增加收入。

再來到三十歲後半段時，雖然生活很穩定了，但我開始想要實現自己一直以來的夢想，那就是在庭院中建造一條可以乘坐又能玩的鐵軌。而跨出的第一步就是我不斷積蓄的五百日圓，總算可以買下蒸汽火車的組裝套件。這個儲蓄習慣我持續了兩年以上，存下了二十幾萬日圓，可是對買蒸汽火車的組裝套件來說，那些錢還是不夠的，最後總算在拜託妻子後才如願購入。

即使把這組套件組裝好也沒有可以讓它跑的空間。我家當時的庭院包括車庫在內，只能鋪設九十公尺左右的鐵軌，而且是完全直線的。因此就算燒了煤，汽笛發出聲音了，也必須立刻停下來倒車，而且只由我駕駛讓孩子們乘坐也不怎麼有趣。在不久的將來，要讓蒸汽火車在寬敞的地方跑起來的夢想在我心中逐漸壯大。

尋找更賺錢的副業

在大學時期的我從助理研究員晉升為助理教授。這份工作從當助理研究員開始就一直沒有加班津貼（視為管理職[1]等），每天加班是完全沒有津貼補助。再加上我們頻繁出差，如果到東京住一晚的話，學校補助的一年份出差費額度就用完了，之後的行程開銷只能自費。編寫技術書雖然多少還能賺些版稅，但那也是微薄的收入而已。總之，印刷冊數很少，閱讀者也相當有限。

當然也可以去別所大學或一級建築師研習營兼任講師，可是這必須利用上班時間之外的空檔並向大學報備。同時還需要申報納稅，不但會變得更忙而且報酬也不多。

我一直思索著難道就沒有比較賺錢的兼差機會嗎？我每天都去上班，除了規定的出勤時間外即使週六日也去，花了更多倍的時間在大學工作。盂蘭盆節和新年假期也沒有休息，就算我想要兼差，在這種狀況下我覺得根本是不可能的。

1　日本勞動基準法指出「管理監督者」不適用勤務時間的規定，故也沒有加班津貼。

但我晚上的時間是空出來的，我想著有沒有在家裡就可以做的事呢？接著就想到寫小說這件事。

開始斜槓人生

我記得那時是暑假，不過大學教職員當然沒有暑假。因為不用上課，暑假成了最能加速研究進度的時期而變得很忙。即便如此，我每晚回家後都打開電腦開始嘗試寫小說，並將睡眠時間減半，大約一週的時間完成。

雖然我對寫作很陌生，但出乎我意料之外地竟然還算寫得行雲流水，感覺這也許可以當成一份工作呢！那是我人生中第一次寫小說，在那之前我從來沒有寫過，也就是說會有什麼樣的結果不先試看看是不會知道的。

為了將完成的作品寄到出版社，考慮著要寄到哪裡比較好，就去了趟書店翻開從來沒有看過的小說雜誌，找找看是否有在募集作品的訊息。發現講談社的雜誌上刊載著編輯部正在徵稿的資訊，於是我買了那本雜誌後趕緊回家將作品寄出。

這是我寫的第一部小說，應該很雜亂無章。我請比我更像讀書人的太太來讀，她說太難了她看不懂，也許是因為日文漢字用太多的關係吧。

搖身一變成為有錢人

一開始，我抱著練習的心態立刻著手下一個作品，正好是完成第二本的時候，我接到來自講談社的電話。

而且還不是打到我家來，是打去隔壁家。我不可思議地想：「怎麼會這樣呢？」原來我把自家的電話弄錯寫成隔壁我父母老家的電話，真是太糊塗了。

我與講談社的編輯見面時，他們說很喜歡我的作品要幫我出書。從來沒想過這個兼差能那麼順利地成功，當時的我還不知道講談社是多大的一家出版社。

在那之後，我寫了一本又一本的書，版稅也都一一進帳。我家就這樣突然變有錢了。聽起來像作夢一樣但不是謊話，我沒有試圖加油添醋來粉飾什麼，只是一直在寫著，真的只是這樣而已。

什麼都沒有改變

雖說如此，我的生活沒有發生任何變化。

書店內應該會擺放著我的書，但我原本就很少去書店，在我的工作職場上也不會有讀小說的人，我還是照舊上班並以相同步調工作。

若要說有什麼變化呢，當然就是收入。以作家身分出道的第一年，我拿到了比我當時在大學的薪水還要高的版稅。因此我讓孩子從公立中學轉入私立學校，他們原本就希望能讀私立學校，從小五開始也是應他們自己提出的要求開始去補習班。我本來擔心考上了又要花很多錢，剛好時機成熟也收到版稅，就不用再擔心錢的部分了。若要說對於我生活的影響，大概就是這樣。

我和我的家人完全沒有受到影響。對我來說仍是一如往常，並沒有覺得有不對勁的地方，但後來受到很多人的指指點點，似乎是覺得在我賺了那麼多錢之後，為什麼看不出來有什麼改變。

這個答案很簡單，我是因為想要鋪設一條長一點的鐵軌才開始兼差的。這個目的一直沒有變過，而且在我當上作家好幾年後才幾乎成真，這還得再經過不少歲月才會有更大的進展。

我在年收足足超過一億日圓時還是每天去大學上班，每天工作十六小時，這幾乎超過規定勤務時間的二倍。我每天都過得很忙碌，也從來沒有去過家族旅行。兩個孩子（相差一歲）順利長大了，也都就讀他們第一志願的大學，分別住在東京和京都。這時我每個月給他們十萬日圓的生活費，這當然也是拜高收入所賜。對孩子們來說的影響大概僅此而已吧！

開始寫小說後不久，我在渡假村裡買了一塊很寬敞的地，那塊地大到能鋪設鐵軌，實現了我的夢想。現在我自己做的蒸汽火車可以在上面跑了，但就算這樣我的生活也沒有什麼變化。

我想要的東西全部都買了，其中比較貴的就是製作模型的工具（車床及銑床）。我的太太好像也買了幾個品牌的包包和大衣，她每次都猶豫著跟我說：「不是很貴嗎？」我只回答：「要的話就買吧！」從旁觀者的角度來看完全不覺得這是奢侈的生活。但實際上，我自己也在檢討有沒有無謂的浪費。

我的版稅收入超過二十億日圓，現在的外食也只會吃麥當勞而已。兩個孩子都能獨立賺錢，也都是三十世代的人了。他們成為社會人士後從來沒有找我幫過任何忙（只有在租房時當過保證人）。

不想賺大錢

我每次搬家都是為了搬到更寬敞的地方鋪設更長的軌道，還因為有養狗，為了讓牠們在可以避暑的地方生活，因此選了涼爽的地點。

以作家出道十年後，我終於辭去大學的工作，那時我的父母剛好接連離世，孩子們也長大成人，更能輕鬆地搬家，也沒有打算做太過勉強的事。

現在也照舊過著生活。目前正在努力減少作家的工作，仍很感謝的是收到很多邀稿，雖然有九成以上都被我拒絕了。因為個人有很多想做的事，目前我一天大約花四十五分鐘進行作家的工作，剩下的就是休閒娛樂時間。而我的興趣已經不太需要花錢了，因為我很喜歡自己動手做，所有工具都齊全了，只剩材料費而已。

就結果來說，我的存款一直在增加。其實這並非我所計畫，但收入卻越來越多，為什麼呢？因為我有在工作。現在的我連定期存款都沒有，主要往來的銀行是不怎麼生利息，但能隨時動用的活期存款帳戶（為了避免銀行倒閉時有保障能拿回來）。

我沒有在玩股票、沒有花心思將錢存到日本以外的銀行、沒有買會漲價的大樓、沒賭博，而且不買樂透，我對於賺更多錢的事情完全沒有興趣。

有時會有人問：「要不要將錢運用在這個上面？」我都會回答：「不，我不想。」來拒絕對方。即使沒有做那些麻煩的事，我就像這樣一邊寫著，將想到的事寫成文章就能變出錢來。工作至少還是比投資或賭博的期望值來得更高，只要工作就能賺更多錢。

錢要花在刀口上

另一方面，我對減少開銷的方法一無所知，也可以說是我根本不知道一般人的消費方式。有時會看到那些在社會上被認為是「有錢人」的生活方式，我只會感嘆那些事情對我來說辦不到。還有很多人都會說「想變成有錢人」，但我實在不能理解他們為什麼會這樣想？

本書的主題恐怕是這些相關議題。而我似乎和一般大眾抱持著不同的消費觀，也覺得自己完全沒有問題，因為我只會把錢花在自己想用和想要的東西上。

我想大家會說「每個人都是這樣吧！」然而根據我的觀察，很多人並不是為自己而花錢，而是為了花錢給別人看。這點感覺和我本身有著決定性的不同。

我說我不知道花錢的方式，是指我無法為了給別人看而花錢。追根究底，是因為我沒有想讓別人羨慕我。我不覺得被別人憧憬和被羨慕有什麼價值，對那方面的認知我原本就很欠缺，我對「希望被人羨慕」這種事完全無感。

反過來說，大部分的人似乎很容易過於在意周遭的眼光。關於這點我想稍加強調，這和我自己的想法是沒有關係的，雖然不想提出那樣的批判，但因為我正在著作，想在某種程度上被期望能提出對於社會大眾有幫助的看法和見解，所以提出「大部分的人在意他人眼光」這個觀點。

薪水分配法

如果我們可以好好思考：「我真的想做嗎？我真的想要嗎？」這樣一來我想大部分的浪費都可以自然而然地消失。關於這點我想可以從各個方面進行考量。

我在結婚時，和當時的對象也就是現在的太太討論了我的理念。那當中有一些我自己的原則，單純希望或期待能以這樣的方向來經營家庭。

其中有些想法是一般人比較不會這樣想的。例如：「想買的東西什麼都可以買，但必要的東西儘量省吃儉用」，這樣的方針肯定會被認為「搞反了」吧！

還有不管我們當時生活窮到了什麼地步，我主張收入的一成是為我自己的興趣所用。我同樣也請太太將「自己一成的預算用在休閒娛樂上」，然後以兩人一共剩下的八成收入來維持生活，而這樣的方針，在我們結婚三十七年來還是這麼維持著。

有時鄰居會前來參觀我休憩場所，我車庫的寬度足足可以放得下三台車，但現在全被我的玩具（自己手作的飛機、直升機和蒸汽火車等）占滿。看到這裡的人們都很驚訝地說：「你家人都非常支持你耶！」我不禁疑問，為什麼這需要得到家人的同意？

我的太太和我一樣也有自己的興趣吧！我們在經濟上幾乎是平等的。我也是對她的購物取向表示贊成，其實不需要這樣的同意，因為一開始就決定一成以內的收入範圍是個人自由運用的。

像這樣的道理，就相當於小學生在校外教學時規定應該帶多少點心的金額類似，孩子們按照規定中規中矩地實行。可能我的內心還像個小朋友吧。

去負債吧！

若想要增加可以自由運用的金錢，有兩個方法是絕對有利的。一個是努力增加收入，也就是在工作上精益求精；另一個是對於支出應更加謹慎對待，盡可能不消費。

這可以說是理所當然的話，雖然寫下這個直截了當的結論，但我可以斷定再也沒有比這效果更好的方式。這在減肥來說也是相同道理。不吃東西多做運動的話，確實可以下降體重，這非常簡單（至少也比金錢的控管來得簡單）。

還有另一項非常重要，就是「想讓錢流失的話就儘管去借。」這是父親教導我的少數教誨之一。他曾是個完全沒有借款的建築業經營者，在那個經濟高度成長的通膨時代，不借款其實反而很不利，因此他的公司無法壯大，最後只經營一代就收攤了。不過身為兒子的我也為此感到非常幸運，因為完全沒有債務，遺產就是土地和一點存款。當然，我母親的情況也相同。

我也是不借款的人，這是我從年輕時就有的重要原則，能夠堅守這原則是因為我原本就沒有到需要借錢才能買東西的程度。貸款也就只有一次，我買東西一定用現金一次支付。

這也不是為了炫耀才說的，就我的價值觀來說這才是正常的。

抱歉，目前有負債和貸款的人。我想你看了這本書會生氣地想：「現在說這些也為時已晚啊！」是的，現在才看到就太晚了。

享樂至上

盡可能早點計畫好自己的生存之道是很重要的。思考清楚自己想要過怎樣的人生，早點掌握大原則是件好事。若你已經決定「隨遇而安」的生存方式那也很好，不，應該說這原本就不是誰對誰錯的問題，人們若能隨心所欲地生活著就好了。若能按照自己心中描繪的模樣來生活的話，那是最棒的！這才是自由的意義。

我不時會收到「我有很多不得不做的事情，完全無法做自己喜歡的事情」這樣的煩惱諮詢，如果讓我來解決這個問題的話，我會這樣回答：「為了能做自己喜歡的事，試著去做不得不做的事情看看如何？」

言歸正傳，我在本書中闡述自己如何花錢、如何試圖減少金錢，我想這可能和你花錢的方式大相逕庭吧！

再次重申，我想強調的是這無關對錯，我也不是希望你能認同我的作法。我想人們在接觸不同的價值觀時，往往可以導入新的思維，各自能有所收獲。希望讀者們能在閱讀本書時，找到靈感並活用在自己身上，我想就不枉閱讀本書了吧！

01
錢為何物？

獲取金錢不是目的，
金錢是達成目的的方法，
不是因為金錢有價值，
真正有價值的是目的。

錢原本就是虛擬的

錢的日語可寫成「金（KANE）」或「お金（OKANE）」，這個字有點問題。當只寫「金（KANE）」時，該字本身有 Gold（黃金、金幣）的意思，容易誤解，所以多半都寫「お金（OKANE）」。和別人交談時，與其說金（KANE）不如說お金（OKANE），感覺比較有品味一點。根據我的觀察，日本的富人們都是講「お金（OKANE）」，會講「金（KANE）」的人多半與錢無緣，感覺這和日本的農民們提到白米時會講「お米（OKOME）」有異曲同工之妙。因為是自己賺來的珍貴之物，所以加上一個美化語，很像日本的文化特性吧！話說沒有人不知道「錢」是什麼吧！從學生甚至小到幼稚園的小朋友無一例外都應該知道。然而也許這個常識就更顯得奇怪，非紙幣及硬幣的金錢在市面上廣為流通，現在也有普及化的趨勢，在日本還沒有那麼大量使用，但有些國家的電子貨幣完全成了主體，這些依舊稱為「錢」。

自電子貨幣問世以來，金錢早就被電子化。例如：銀行帳簿上的數字就是一種電子化的數位數字。現代社會中認為在銀行帳簿紙面上印的數字就有價值，這也就是現代化社會。

若讓以前還沒經歷電子化時代的人聽到了，會苦笑地搖頭說道：「竟然有相信那東西的時代出現，真是不可思議」吧！

金錢是保障社會的產物

以目前的日本來說，紙幣在全國任何地方皆通用。看來金錢仍具有普遍價值，如果掉了會非常困擾，因此大家對金錢極為重視。

我就算沒有學過經濟學，也知道金錢仍在社會中廣為流通使用，這可以解讀成國家和政府受到國民的信賴，或法律成為社會秩序中一道重要的把關。

也有人口出狂言說：「這個社會與我無關。」就算變成像這樣反社會人格的人，錢包裡也放著日本銀行發行的紙鈔並小心翼翼地帶著。沒有錢的話就不能買便當，也搭不了電車。如果沒有錢，就只能靠自給自足的方式來維持生活了，但可以斷定這種生活在現今幾乎不存在吧！

金錢的成立，是因為社會保障了大多數人共同分工合作並以物易物的情況。只是並非光靠聚集很多人就能自然而然地發生。即使擁有互換物品的智慧也無法建立一個貨幣系統。為了讓金錢能夠在社會上立足，必須賦予金錢控制社會的絕對權力。

金錢是衡量價值的尺規

不過這裡重要的是，金錢這種東西是將物品的價值姑且設為數字，代表該價值的「指標」，金錢不是原本就存在的。在那之前，物品或作業成果等各自具備的「價值」這點不能忘記。如果不能認定價值，也不會有交易這件事發生。

例如，假設得到一顆馬鈴薯要花半天打掃庭院，如果交易成立，則一顆馬鈴薯和打掃庭院有著相同的價值，至少要有這樣的認知，這兩種事物的交易才會成立。假設在同等「價值」不成立的情況下，可能會要求再增加一顆馬鈴薯，否則不會再做同樣的掃除工作。因此，物品或工作具備的「價值」必須相同。

也許不少人會認為這種理所當然的事沒有必要特別提，但這裡有一點很重要。例如：

「在煩惱該不該買某商品時，要和什麼比較呢？」是必須去認知的問題。

當煩惱要不要買五千日圓的皮包時，通常會將皮包的價值和五千日圓的價格進行比較。無論是誰都會做比較，另外，還會比較五千日圓與有多想要這個包包的意願。不過這種意願是一種質化性質（無法數字化衡量），也許比較起來會很困難，而衝動性購買者出乎意料之外地相當多。

金錢是為了等價交換而誕生

若對錢稍微敏銳的人會這樣想：「這個五千日圓還能做什麼？」有這種想法的人是經驗豐富而且冷靜成熟的人。

一旦買了皮包後這五千日圓就會不見，等同於以該金額可買的東西也會消失。五千日圓也許可以吃一頓美味大餐，而如果過幾天後臨近帳單的付款期限，想像一下若付不出來會如何呢？經過思考後決定不買包包，得到也許失去它還比較好的結論。這樣的判斷其實每天都在進行，是一件相當平常的事。

若有人將比較範圍稍微擴大，可能會回顧這五千日圓是怎麼賺來的？是打工賺得的嗎？還是因為幸運拿到的零用錢呢？想像未來還會再賺到這個五千日圓的可能性有多少？若是自己工作賺得的話，理應會對這五千日圓是做多少工作得來的有所認知。如果覺得眼前這個包包值得以勞力交換也不會感到損失的話是很棒的一件事。

一個物品的「價值並非它的價格」這點非常重要。價格雖然都有附上，但這是出售方自己決定的數字，身為買方的你應該找出其所具備的價值。

但是當販售的商品還不是自己的所有物、尚未使用因而無從得知其價值，再加上宣傳資訊可能不充足的情況下，這時應該要用經驗判斷，想像自己入手時的畫面，就某種程度上來說還是可以推測出值多少價。

價值是為誰而生？

原本是為了自身的滿意度而存在的價值，大多容易受到其他評價的影響。其中最常見的例子是「自己擁有物品時，想像他人會怎麼看」的這種妄想性的價值。

這是從「如果是別人擁有的話，自己會有多羨慕」這樣的感覺或想像來類推的。因此，看到他人擁有的東西而感到羨慕的人，往往也會想擁有讓人羨慕的物品。

事實上，依照這種目的來花錢的例子很常見，你覺得呢？尤其是近來在網路上炫耀自己所有物的現象，將吃過的美食、去過熱門景點的照片上傳到社群，分享給周遭的人欣賞，這樣的現象正在日本流行。為了拍那些照片，而特地到某個地方買某個東西、點某道料理，花錢只為了讓別人看照片的行為，這點與提供讓人感到愉悅的服務是不是很雷同呢？

我想這可能是想讓大家多看看自己，想要受到關注而建立這些形象來自我滿足，若會有這些妄想的話，那麼從一開始就通通在腦袋中空想來得到滿足就好，也不需要花錢耗時，你覺得呢？

為了他人而花錢的人們

稍微想像一下：「如果沒辦法拍照給別人看的話，那你還會買嗎？還會想去吃那個食物嗎？還會去那個地方嗎？」

若回答：「不，不會這樣做了。」我想這就是迷失自己真的想做的事情。因為能感到自我滿足的人，也就是說對自己而言真正有價值的事物，是不一定要花錢的。

我對於這點的看法可能稍微極端了點。

我覺得在開心的事物上花自己的錢和時間最快樂，這種感到快樂的事不用和他人分享。例如，我不會想拍有自己在內的照片，然而因為作家的身分，需要在部落格刊登用數位相機拍的照片，上傳後就會立刻刪掉。也就是說照片對我而言大部分是沒有價值的（為了製作模型的資料而拍攝的照片例外）。

即使不拍照，美食吃起來仍然美味，那種美味不必獲得別人的認同，自己感受的美味就是一切，快樂也是一樣的道理。自己感受的快樂很重要，若變質成不給別人看就不會開心的話，在我看來是很反常的行為。

當然每個人都不同，有人可能強烈地想被大家關注，成為大眾偶像的欲望，雖然世上有很多這樣的人，但我怎麼看都覺得很奇怪。

該怎麼做才能認清價值？

我想來聊聊金錢的使用方式。「價值」是怎麼認定的呢？這會成為花錢的關鍵點，我想大部分的人應該可以理解吧！

要知道，認清價值並加以評價的不是藉由眼睛而是頭腦。想像未來的自己會有多快樂？那種快樂的程度也就是價值。

如果買下商品的話，自己會有多快樂？可以玩得盡興嗎？

如果是食物，可以享受到多少美味？用餐時是否很愉快？

如果是場所，則想像自己到現場的所見所知，可以感受到多少價值？又值多少價值來換取自己工作賺到的錢？最後再問，這樣的交易划算嗎？應該要作以上這些判斷。

所以說支出，是一種對自己有利益的收穫行為。

購買時，在腦中試著想像自己的感受。別人怎麼想是不會對想像造成阻礙。請集中於自身，那個和自己相處時間最長，最瞭解自己的人，只要稍微想像未來的自己就好。這樣的想像以人類的能力來說並不難。唯有誠實面對自己，非常單純。

瞭解自己的欲望才是根本

當然，不會一直都覺得划算。有時互換交易也會有失敗的時候，例如商品有時會被高估價值，這可以說是觀察失誤。然而更常見的是無法充分預知自己的心緒，還有誤判未來可能發生的事情也會造成相同的結果，以上這些都是觀察不足的原因。為了不重蹈覆轍，對於為何會誤判進行檢討，運用在之後的預測上避免吃虧是很重要的。

這樣一來，依照自身心緒來決定物品的價值，就不浪費金錢的原則，是最重要的一點。換句話說，這種「心緒」是一種「欲望」。花錢入手物品的真正價值，從結果來說可以說是滿足自己的欲求，因此清楚自己的欲望才是一切的根本。

跳脫「價值＝價格」的數字陷阱

從社會觀點來看，價格一般由賣方也就是生產方來決定。只有競標的價格由買方決定（競標的最低金額由賣家決定）。而提供方決定的是，為了創造那樣的價值需要投入多少勞力和精力，依照這個基準決定了價格。作生意的人並不是即使虧錢還想賣東西，若賣東西會虧錢的話那還不如不要賣比較划算。

對於買下已經訂好價格的商品的人來說，很容易抱持「價值就是價格」的意識。一般來說以高價賣的東西是好商品的機率也蠻高的。這是因為市場經濟的成立，好商品就算很貴，仍因為賣得掉所以訂高價。若不是那樣的好商品，定價高也賣不出去，道理就是這樣。

如果認為價格就是所謂的價值，長期以來都沉浸於這樣便宜行事的認知的話，會覺得高價物就是有價值，只要擁有高價物就會被周遭的人尊敬，也許有可能轉換成這麼扭曲的價值觀。若要說這種想法有什麼不對的話，那就是變成不知道自己想要什麼的人。簡單來說等於迷失自己的人生，不清楚自己到底喜歡什麼、想做什麼，感知痲痺，這可以說是一種病。

不被價格所左右

也許會有人抗議：「說是病是否有些過分呢？」想要被他人羨慕，這就是自己的欲望吧！我觀察到大多數人明顯有這種欲望，我不是要加以批評，只是擔心若過度迷失會變成怎麼樣呢？才提出這樣的建議。如果情況加重，就容易推測自己會患上這種迷失自我的病。

我想講的是，生產者是依照什麼樣的條件決定價格的？對買方來說那些都與自己無關。價格是流通時必須設定的數值，若付不出既定的售價就買不起是事實。但更重要的是能認清自己的欲望有多少？就結果而言，基本上「物品的價值是依照自身的欲望有多少來決定」。已經重覆說了這麼多次，這是最重要的。

若有人讀過一點經濟學，也許會想起馬克思（Marx）和齊美爾（Simmel）吧！在市場經濟主導的社會中，人們針對「物品的價值如何形成？金錢究竟可以扮演什麼角色？」等進行討論。然而這是社會的一般論，與這裡所要談的無關。你自己是怎麼想的呢？這關乎你人生的根本問題，為了讓自己快樂所以你才生存著，若能誠實面對自己的想法，自由決定，不被數字左右就再好不過了。

新時代的溝通方式來臨

「自己的感受如何？到底想做什麼？」這種基本問題的思考在現今資訊化的社會中越來越難看到，這一點不用我指出來，應該很多人也發現了吧！

與周遭的人溝通會過於束縛個人，容易會有「並不是自己真正想做，而是大家想做所以自己也想跟著做做看」的想法，出現迷失自我的狀況。當然，如果就這樣過一生也很幸福。不過很有可能會疲乏，有不少人會忽然發現迷失方向而捫心自問著：「這樣下去真的好嗎？」因此，在導致這種狀態之前，請先好好地動動腦，重新審視自身的價值觀，想像自己人生未來的模樣吧！

再者，像這種以自我為中心，也就是從自我的欲望和渴求找出坦然面對人生的價值觀，也許會有新發現。

因為沒錢所以辦不到？

常聽到很多人說：「因為沒有錢，所以辦不到。」乍看之下是因為沒有錢而感到困擾，但實際去問個仔細，其實不然。

大多數的人常說，因為「時間」及「錢」不夠所以無法實現想做的事，並以此當作藉口。事實上，不知道自己真正想做什麼事的人非常多。想做什麼呢？要怎麼做呢？若具體提出問題也沒辦法回答。

另一方面若真的想做，無論如何都想做的人，會在「時間」和「錢」上下工夫。能做著自己喜歡的事，從旁人眼裡看來簡直是個自由的人，這並不是因為有錢有閒，這樣的想法並不正確。正是因為下了很多苦工，進而創造了時間和金錢。

這和原本先有「時間」和「錢」才去做某件事的想法完全相反，另外確認過一些我周遭的例子後，無一例外。

誤認金錢有價值

現在的我正在做自己喜歡的事，每天做著最喜歡的手作模型、在自己的庭院中坐蒸汽火車玩、在旁邊的空地（草原）玩模型飛機和直升機、帶狗散步，出去兜風。為什麼我可以過這種生活呢？

無關是否擁有時間或金錢，這兩個我都沒有，但因為無論如何都想要實現的關係，所以從中思考、計畫並加以執行。時間和金錢是為了做想做的事的一種「手段」，為想做的事耗費精力，藉由先入手時間和金錢這二者，才能達成自己對喜愛事物的渴望，順序絕不能相反。

獲取金錢不是目的，金錢是達成目的的方法，不是因為金錢有價值，真正有價值的是目的。擁有大量的金錢並不是什麼好事。

若沒有將那些金錢換成自己的需求就不會產生價值。失去金錢，才能得到價值。

若誤解了這點，就會被錯誤價值觀所支配，那些會因為擁有巨額存款而開心、坐擁高薪而自認優秀，或是持有高價品而自滿的人們，可以說是被金錢奴役了！

很多人的認知是高價品等於有價值。但其實那只是他人隨便賦予的價格，自己的價值觀只是被他人給左右罷了。

認清自己的欲望

那麼，依照欲望來認清價值時，要怎麼做才好呢？

以言語來表達非常簡單，但具體來說要怎麼做才對呢？不知所措的人很多。這也證明了他們將價值觀依存於他人身上。那該如何修正才行呢？

首先，必須先瞭解如何滿足自己。因為決定價值的是自己的滿足感。那些感到滿足而有趣、開心、愉悅的情緒，皆因感性而生，如果是缺乏感性的人，本來就感受不到滿足。

例如，那些因為得不到稱讚就無法開心的人，就必須透過他人來滿足自己。當一群人聚在一起大聲喧嘩，吵吵嚷嚷覺得快樂，而獨自一人感到不開心時，就會發生現今很多人都害怕的狀況——「孤獨」。

快樂是來自於你的感性，與別人無關，這樣的個人情緒，皆由心生。

立下目標，讓上班更開心

如果能讓你感到開心和覺得有趣的事物，建議你可以一一嘗試。在累積經驗中更能瞭解自己喜歡什麼。如果能找到一個樂子，就會對與其相關的事物產生興趣，可以享受更大的樂趣。像這樣的體驗，是成為理解對自己而言有什麼價值的根本，瞭解「價值」的體驗才能產生價值。

這樣一來，才能第一次瞭解到「金錢」的價值。透過工作賺取財富，如果在這份工作中確實感受到了樂趣，那麼工作也有可能變成一種樂趣。

前往憧憬的海上水肺潛水必須坐船，在那之前要先搭飛機、而去機場前又要先搭巴士或捷運，並為了買票而排隊，雖然這樣的過程有點辛苦，但是為了達成目的必須先認真工作才行，可以理解上述舉例中的想像吧！如果目的對你而言真的有價值時，為了往那目標邁進所經歷的路程，可能讓原本討厭的事物都不再討厭，我想很多人有這種體悟。

若自己無法感受到樂趣，金錢對你而言就沒有價值。即使家財萬貫也不會滿足。擁有再多的錢也對任何事物不感興趣，是人生中的一大危機狀態。

同樣富有但仍保有自己興趣的人，會依據手上擁有的財富去衡量實現夢想的可能性。並預估還需要多少錢來實現興趣。

不留下爛攤子

不過就算對自己而言有價值，有時候在不明確的事物上抱著一點希望做白日夢的情況仍很普遍，總覺得「如果能這樣就好了、若能實現這種感覺就好了」。即使有這種曖昧不明的願望，也不完全是壞事。

當夢想無法明確地描繪出來時，對於這個模糊的可能性必須累積相應的財富才行。而且也許越存越覺得接近現實、越來越具體化。或是另一種情況，見到儲蓄的金額反而不得不縮小自己的夢想，那也可以算是越來越接近夢想。

如果為了馬上得手而借款，在一瞬間懷抱的夢想會就此枯萎，為自己的將來投下巨大的未爆彈。借錢其實是債權方實現夢想的手法，可想而知，這會讓債務方的夢想漸漸變得渺小。因此才會有利息產生，才有了投資生意的存在。

如果認為貸款只是分期付款的話就大錯特錯了。也有人辦了三十年以上的貸款購入高級公寓及透天厝，因為比實際價值付出還要高出很多的金額，應該也要計算得到的價值會被蒸發掉才是明智的吧！只要不是「現在」非要不可，我想還是避免借貸比較好！

價值的時間變化

價值取決於人，當然會依時間而產生變化，入手的價值會因為被消耗而慢慢減損是很常見的。若能令你感到快樂，快樂也會有消耗殆盡的那天。任何想要的東西在入手後，不可能一輩子都為此享受到快樂。

物體會隨時間劣化，工業產品在性能上也會相對劣化。入手當下最新產品，在轉眼間也會變舊，會跟其他更多更棒的東西比較。

自己的願望、滿足感和目標物也會開始劣化，不過夢想不會劣化。人們一邊朝著目的地前進，夢想反而會更加茁壯。也就是說如果借了錢後夢想能夠早點實現，但卻立刻感到厭倦的話，那還不如先存錢，先將夢想往後延，更有機會獲得高價品，這樣比較有利。

如果要借款的話還不如放款給他人，即為儲蓄或投資的行為。我本身對於這類資金的運用模式完全沒興趣。認為比工作賺來的還少，而且期望值過低，還不如投資在自己身上，透過念書或學習技能來提升自己的潛能，藉由活用能力來做高效率的工作更有利。

天下沒有白吃的午餐

投資這件事是比如將錢存進銀行、銀行又貸款給誰，有獲利時又可以拿回該獲利的一部分。坦白說銀行比較賺錢。股票也很賺錢，在證券公司中獲利是最安全的。

也有人會開設投資講座邀人們來參加，但我想，如果真的確實能夠賺到錢，為何要教別人呢？只要自己越賺越多就好，對投資講座的言論，我一概不採信。

俗語說「天下沒有白吃的午餐」，是自古以來就有的道理。會上鉤的人可以說是永無止盡，然而忠言逆耳，這些都是貪心的人才會上當。

像這樣引發的問題，可以說是因為對「金錢」的價值只能用數字來理解而產生的誤解。其實並不是這樣，所謂的金錢價值指的是為了實現想做的事的可能性，也就是得到快樂的媒介。如果有這樣觀念的人，根本沒有餘裕去想「如何輕鬆賺錢」吧！但因為他們眼前有太多快樂的事情，所以他們考慮的不是如何增加收入，而是如何消費。

並非金錢至上

對於認同做喜歡的事而花錢的人，在增加收入上不怎麼感興趣，那是因為對於增加收入沒有期待。當然擁有很多錢是很好沒錯，但是有可能支出金錢的幅度更大。也就是說，存款金額增加都是一時的狀態，但最接近自我滿足的是「減少金錢去做喜歡的事」。若這樣就不會去考慮如何增加收入這種繞遠路的方式。

金錢這種東西到底是什麼呢？請再思考一遍。

金錢是為了獲得自我滿足感而交換，有價值的是「滿足的感受」。在一些情況下也可以說是對「工作」的感受。工作是賺錢的方法，會獲得收入，因此熱愛工作就等同於熱愛金錢。但若放入金庫中保管，像膜拜神明一樣，可以說是一種本末倒置。雖然這不是件壞事，但綜觀各個方面，會發現這偏離本質。

互換交易讓個人得到自由

讀到目前為止我想大家對於「金錢」存在的概念都瞭解了吧！金錢並非「價值」本身，不過金錢可以換取有價值的事物，價值是經過一時替換所能保留下來的產物。社會是約束交換行為的主體，可以確保留存該價值，配合時機或是轉換成別的價值的自由度。

如果沒有錢，與他人的價值的互換也將變得困難，因此限縮個人自由度的範圍，到目前為止，我們講述與價值互換的金錢。但事實上也有背道而馳的使用之道，那就是對於自己而言沒有價值的東西、討厭的東西，為了迴避而花錢的互換方式。這種「價值」，就廣義來說是「遠離負面」。

即使有討厭的、提不起勁的事，對生存而言必要的事物相當多。在人類社會中以自己擅長做的事來賺錢，出錢將不擅長的事托付他人，形成互換的結構。如果沒有這樣的互換交易，為了維持生活就得要自行處理很多事情，不得不使用勞力，結果剝奪了很多自由。此時以金錢作為交易的系統，可以說是為了獲得個人自由而設計。

取得自身滿足才是最終目的

金錢可以交換的不僅只限於食物及物品，個人的勞力、精力在有限的時間內也能以金錢換得。

工作原本就是提供自己的精力和時間來換得金錢，在種種情況下失去精力和時間來換取金錢這個帳面的數字，接著再用金錢交易到物品，依照這種方式將自身的精力和時間轉換成想要的東西。

在需要花時間做自己想做之事的情況下，可以將生活中必須的一切雜事託付給他人處理。也就是出錢請人幫忙處理你日常生活周遭的雜事。這樣一來，就是買下自己的自由時間。

再者，運用買到的時間從事自己擅長的工作，可以獲得更多錢，也就是用買到的時間來產生金錢，而一開始的資金就形同投資自己這個生產者一樣。當然，這樣賺取大筆金額是為了實現自我需求的資金，達成讓自己獲得滿足感的最終目的。

先吃虧，後占便宜

永遠必須先考量的是，將最初投入的精力和時間與最終獲得的目的進行比較。也就是說必須以審視整體狀況來判斷。

並不是要探究各個交易互換的得失，而針對整體收支進行評價。往往在某個時機點的損失會成為將來的收益。在大多數的情況下，晚一步的獲利，收益更多。相反地，若一開始占便宜，之後可能會導致更龐大的虧損。這個法則可以說是社會的常識。

也就是說，若從利益得失的角度來看這世上發生的事情，利用眼前微薄利益來賺取遲來更大的收益就是所謂的商業。

當然價值依各人而定，進行交易互換時也有兩邊都得利，覺得受益的情況。若不是建立在這個互換交易上的話就不會成立，市場經濟也會隨之崩壞。正因為每個人有差異性，並各自發揮所長，互換互易才會成立。

構築財富的人會將獲利延後享受，在最初撒下一大堆網之後獲取最大報酬。反之，若立即使用得手的價值將會永遠陷在貧窮泥沼。

標準在於自己，勿與他人比較

不過不管是成為有錢人還是選擇貧窮，這只是單純型態的不同，並非哪一邊比較偉大。身而為人皆為平等，這是現代社會的基本精神。我想也有不少人認為，雖然社會上鼓吹著人生而平等，但世人也會對有錢人和窮人的極大差距感到驚訝。而無論有多少差距，個人的自由會受到保障，人權也會受到尊重，機會一律平等。這在法律上被嚴格地規範著。

我想說的是，人人可各自依照自己的喜好來生存。無論是為了做喜歡的事而花錢，並執著於努力工作來賺錢的人；或是認為自己不需要錢也能享受樸素生活的人，那就輕鬆恣意地生活也無可厚非吧！無論哪一種，都是依自身的想法自由地生活。

但是人們都會拿他人和自己比較。自己必須那麼辛苦地過活，為什麼那傢伙就可以那麼任性妄為？多數的人可能會抱持這樣的嫉妒心，這是因為只看結果的一小部分所以覺得不公平。會有這樣的結果是因為他們沒有看到對方花下的苦工和付出的時間，甚至可以說是故意無視這點。

耕田要從整地開始，整地必須花上好幾年來整備。因為有做這樣的努力和準備，只需撒種就能獲得很多農作物。或許會有人對自己耕耘的田地收成差感到憤怒和不公平，雖然這世上存在著幸與不幸，可是這是偶然的偏差，整體來看沒有太大的差異性。倒不如說，多半是因為個人下的苦工和努力才能造就不凡的結果。

再者，例如很多人都想要樂在工作，大部分的情況下過於快樂只會使工作效率低落。光是滿足快樂這個需求，賺的錢變少也是合理的。看起來快樂的工作，想做的人大有人在。一旦想從事愉快工作的人一多，就容易形成競爭，因此效率低落。只有麻煩的、人們不想做的、看起來很辛苦難堪的、感到厭惡的這些事，對從事的人而言才會得到利益。請勿忘記「交換」即是工作一大原則。這也可以歸納為想獲得眼前的小利而出手，之後反而會遭受龐大損失的類型。

捍衛自由的費用

我很年輕就結婚了並和太太之間訂下一些約定。首先，我賺的薪水是二人的所有物，各自有一成的休閒娛樂費用，剩下的八成作為維持家庭開銷的共同費用。

我們在電腦上記錄家庭收支，若太太有提出要求就要交出生活費。我們經常與去年的同期進行比較，檢查是否有浪費的支出。因為薪水低，不這樣控管的話恐怕會出現赤字。

雖然我們當時很窮，一旦預算不夠時就削減食物費用、不買新衣服，一直穿同一件就好。對這些東西視為「因為必要」而買，我原本就抱持反對意見。

而我們的休閒娛樂費用控制在總收入的一成以下，可以各自盡情使用在喜歡的事物，但若想買的金額超出範圍，無論想買什麼都不用考慮了。

我們將這個費用稱作為「捍衛自由費（家庭防衛費）」。當時日本政府的國防預算（國家防衛費）一直是維持在1％左右，因此我們在家中也將這種防衛費控制在10％左右。這可以解讀為保有我們的興趣，守護個人嗜好的權利。也就是說，為自己喜歡的事物上花錢並非一種攻擊，而是一種自我防衛。

對於必需品斤斤計較

剩下八成的共同費用是用在必需品上，使用方法由我們兩個進行協議。因為考量到未來存款，這方面我儘可能斤斤計較。

我認為不能奢侈，只要用最低限度即可。對於這種拮据度日的生活我完全不抗拒，不覺得悲慘或是在忍耐。可以每天只吃飯糰就好，我原本就是早餐和午餐不吃也沒關係的人，一天吃一餐就很夠了。我不喝酒也不賭博、完全不吃外食也不想吃，只是可能會有人認為要配合我的太太也太慘了吧！當時的我認為如果可以導正別人的思想，對方的情緒就能得到抑制，總之我是說服了我太太（現在也在反省或許是我當時太過年輕的關係）。

我大學畢業後，一個人默默在研究室從事著研究工作，我會和上司見到面，但幾乎與其他人毫無交流，要穿什麼都可以。我也沒有去過理髮店（每兩個月請太太幫忙修剪一次）。

在職場上沒有同事也不可能和同事一起去吃飯喝酒，與來上課的學生頂多每二到三個月聚會一次，多半在超市買啤酒和點心在實驗室吃吃喝喝而已。畢竟學生們都有點窮。

我也沒去旅行，所謂的奢侈品一律不買。當時我每個月有一點一滴地為防範未來而儲蓄固定的金額，就太太的角度來看，可能會認為明明就沒錢為什麼不動用這些存款。

困擾的丈夫&辛勞的妻子物語

在我結婚第二、第三年時孩子相繼出生。為了孩子我們搬到較寬敞的大廈，房租一下子增加了一倍。我想這時是最辛苦的時期了。養孩子很花錢，我們連買童裝的錢也沒有，我太太都用縫紉機自己做衣服，這台縫紉機是她結婚時的嫁妝。某天她的縫紉機壞掉了，我拆解後想要修理但反而變得更糟了，太太忍不住大哭。最後這台縫紉機當然是送到修理中心花錢讓人修理了。

還有因為想要一台微波爐，當時太太為了參加某個抽獎贈禮活動也寄了明信片碰碰運氣，通常這種活動很難抽中，結果還是在拿到獎金後才去買了微波爐。

我們搬過去的大樓裡，有不少鄰居是大學附屬醫院的醫師，而且剛好都是孩子還小的家庭，所以過沒多久我太太和附近媽媽們變成朋友。不過他們家境都很好，似乎常帶孩子一起去咖啡廳，這時只有我太太不得不回避。因為太太甚至連幾百日圓的錢都沒有。

像這類含辛茹苦的過往我是在過了很久後才聽到的，當時她絕口不提。我一天在大學裡工作十六個小時，家是為了睡覺才回的。我完全沒有照顧孩子，孩子上幼稚園時也沒有參與家長參觀日的活動。之後上了小學也是一樣，我自己從來沒帶孩子去過學校，連運動會和家長參觀日也都完全沒參與到，可以說是完全放任主義，完全托付給妻子。若是現在這時代，也會被周遭很多人批評吧！

我想太太恐怕將一成預算全用在育兒上面吧！畫畫是她的興趣，她當時手做了很多孩子的衣服，這絕對是為了現實的考量。

開闢新活路是起死回生的一擊

我剛開始寫小說時，雖然認為只是開始一個新的興趣，但我在開始寫之前還是買了一張六萬日圓的椅子。太太非常反對，因此這是我用自己的零用錢買的。因為我想著既然要寫小說，一張坐久臀部也不會酸痛的椅子很重要。

好幾個月後我寫的書被放在書店架上，最初進帳了數十萬和數百萬日圓的版稅。我很驚訝，太太應該也嚇了一跳。我從來沒想過興趣會變成錢這件事，更絕對想像不到對椅子的投資會有這麼高的報酬。

然而對我而言寫小說並不是一種興趣，我原本就沒有這種興趣。不是為了樂趣而寫，是想著要做個兼差所以執行而已。當然，我從沒想過能夠這麼順利地展開。最初的作品其實非如我本意，而是與出版社在交涉過程中逐漸寫成這樣有趣的內容，這是反覆推敲寫作策略的結果。我最初的投稿作品原本被肯定可以出書，但最後發現是空歡喜一場。

我從一開始就打算寫十本連載小說，所以之後又陸續發表作品。我並不想變成有名的人，收到粉絲的來信也沒有特別的感觸，因為我不是為了這個而寫的。不過，關於讀者希望看到的內容，我為了掌握這樣的需求可是下了工夫研究。當時可以從網路上得知讀者的反響，思考應該往怎麼樣的方向發展會比較好，然後依照想法並加以執行。

成為作家後的人生

成為作家之後，我仍在大學工作長達十年，一如往常不眠不休地工作著。晚上十點回到家、吃晚餐，洗澡後立刻睡覺。大概睡了兩小時後起床開始寫作三小時，之後距離上班還有一個半小時可以睡，持續過著這樣的生活。

那可以說是有體力能這麼過的年紀，當時是想說現在就比較辛苦一點，十年後我辭去大學教職，但在那之前幾年就提出辭呈為了不留下爛攤子。同時也縮減作家的工作，決定一天只工作一小時。

因此傳出「森博嗣引退了」的消息。當然我也發表過蠻接近那種狀況的訊息，如果不那樣決定，是很難拒絕一直來邀稿的各家出版社。我這個引退宣言就代表不再接受訪談、採訪，也不再演講，推掉所有出現在讀者面前的工作。當然也拒絕在電視、電台、雜誌和報紙裡露臉。

這樣的狀態已持續十年以上。

只買不賣

幸運的是我拿到了很多錢，我們比以前過得更自由了。我和太太沒有親近的朋友，也不與親戚往來。因為金錢自由，想要的東西都可以馬上買。不過我們沒有特別想要的高價品。那是因為我們想要的東西早已了然於心。

我依舊每天樂於工作，太太在畫室畫畫。只是因為我們搬到很寬敞的地方，即使住在相同的地方也不會遇到彼此。我們養了很多隻狗，不時會聽見狗吠聲，可以隱約猜測出牠們是在哪個方位。

我宣布引退後也在每天一小時的範圍內持續執筆，每個月出一本新作。而且至今出版的書約有三百五十冊以上，那些版稅現在也一直進帳。現在已經來到電子書籍也能大賣的時代，沒有絕版這種東西，已經成為只要有需求就能一直賣出的體制。

光是這樣的生活當然無法用掉全部的收入，也就是說我處於無法減少自己的金錢的狀態。如果將作家的工作全部辭退也許有可能，但那會變成怎樣我就不得而知了。

我的收入大部分都支付在稅金和購買不動產。買入土地、蓋自己的家，我搬了好幾次家，至今住過的地方都是我的財產，沒有賣過，買入的不動產成了我的所有物。

還有，我買入和大量製作的模型全部都還在，如果將這些賣出，我想能得到出乎意外的好價錢吧！

不賣的理由是，若賣了的話金錢又會增加，我是只想減少金錢的人。不過我沒有要拘泥於此不可，因為已經快進入老年階段，我隱約感覺也許是時候轉手賣掉也不錯。

從不為錢所困

回顧六十年的人生，先蹦進腦中的是我從來沒有為錢所困，這是事實。我也曾窮過，太太也因為這樣吃過苦頭，也許有人會罵說那是什麼推託之詞，但我可以斷言我真的沒有因為錢困擾過。我從來沒有開口跟別人借錢，也從來沒想過要借錢來買東西。

話雖如此，我也不覺得過著富裕的人生，經常會忘記手上有多少錢，因為我手邊沒有現金，錢包大概只放一萬日圓左右。好幾年來我也很少隨身攜帶錢包，出門即便開著自己的車也從未再順道去哪間店購物。如果要買東西時，通常我只在錢包裡放會花到的金額再出門。我已經很多年不坐電車和公車了，想要的東西都從網路上訂，每天都有包裹，為了收貨家裡不能沒人，所以常常沒辦法出門。

金錢很重要，沒有錢很多事情都做不了，我只考慮自己有錢能做的事。這和無法穿透牆壁，只能從門出去一樣的道理。我沒辦法做到的事一般也不會去思考，從來就不會因為別人都在做所以我也想做，我原本就對他人不感興趣。

只有二次例外而已

雖然我前面寫從來沒有為錢所困，但活到現在還是有二次例外。第一次是我在大學時和朋友一起創作同人誌漫畫，並決定各自負擔印刷費。我因為零用錢不夠便把從以前到現在蒐集的漫畫都賣掉了，大概賺到兩萬日圓。還有一次在三十七歲，為了能鋪設更長的鐵路而兼差寫小說，最後拿了二十億日圓。

這二種都是為了滿足我個人的欲望，藉由賺錢來達成目的，只是這樣而已。也許可以說是幸運、不是為了炫耀，更不覺得可恥。

過時的日本文化──厭惡金錢

日本人對於金錢的話題一向抱著「粗俗」的看法，傾向避而不談。常說錢很骯髒這樣的話，也會告誡說貧窮才是清高和正當的生存方式。例如，「有錢好辦事」或「有錢能使鬼推磨」這種話，都在表達使用金錢是個邪惡的行為。形容想要金錢是很貪心而且非常可恥的，只要稍微有錢就有可能在背地裡被說閒話，大部分的情況下我想這只是嫉妒而已。

我覺得這樣認知的社會風俗習慣是很過時的思想。說到底，就是對金錢過度戒備才會在似是而非的論調上形成一種厭惡金錢的文化。那些傳授貧窮思想的人很了不起，因為對統治者來說，這是一套很好的說辭可作為掌控並進而推廣，就像戰爭時說的：「個人私欲擺一旁，直到我們戰勝為止。」是以相同脈絡來做為精神洗腦的言論。

在我童年時「有錢人」是揶揄他人的一個用詞，似乎是做了壞事才能賺大錢，是指金錢至上，不諳人情世故的人，這樣的觀念普及於世間，大家都在強調自己有多窮，甚至可以說是自豪於貧窮。

同樣的，在學歷上也有類似的觀念。自豪地主張我沒有學問，想隱藏自己畢業於有名大學的人不在少數。正如樹大招風，必須注意不要過於招搖。不能感到自豪，導致很多人都爭相說著自虐性的話。

可以分析這些自卑情結是來自於高學歷及有錢人吧！原本有錢人或窮人，還有高學歷或沒有學歷者，無論是哪種人，對自己而言是不是有價值都另當別論，但絕對不是形成尊敬或輕蔑的決定因素。

金錢是考量可能性的工具

如果對人也貼標籤，就代表這樣的人內心非常匱乏。但現在社會已經變得豐饒，在這個多數人可以自由思考，自由行動的時代下，貼標籤這件事自然會消失。也就是說，這種自由代表著每個人可以誠實地對自我所認定之「價值」做評估。

因此「金錢」的價值不只是數字而已，也與大眾是否流行、暢銷和評價無關，每個人都是在考量自身的未來後，才漸漸發現到金錢能為自己帶來多少「活用」的價值。

與其對他人展示虛榮心，不如對自己展示虛榮不是更好嗎？存款不變，只要自己有所成長那相應的價值也會提升，連帶著實現更寬廣、深遠的可能性。

金錢可以理解成考量自己未來可能性的工具，我想這是最切實的說法。

02

金錢為何而用？

「試著去浪費看看吧」
是我提出的解決方案。

公開焚燒鈔票的母親

「第一次感受到金錢的價值是在它減少的時候，滿手現金是完全沒有價值的，就像死了一樣。」這是為了鼓勵投資經常聽到的用語。

說得極端一點，焚燒紙鈔確實能「減少」金錢，或許你覺得這世上沒有這麼愚蠢的人，但我不覺得這是種笨蛋的行為。焚燒金錢是一次珍貴的體驗，一種乘坐遊樂設施的概念，也許你會從這個行為本身得到的反思機會。其實不用做到這樣的地步，因為丟掉賺來的錢，會對那個賺錢的自己感到愧疚，還不如一開始就不曾擁有。這樣就和向社會奉獻善心的志工沒有兩樣了。

童年時母親曾在開放式車庫中焚燒百萬日圓鈔票[1]。當時新聞報導因為母親到處藏私房錢，計劃失敗露了馬腳才這樣做。順帶一提，我的妻子也知道這則新聞，她驚訝地說：「原來那則新聞的主角是你的媽媽啊！」我住在名古屋，她是大阪人，那則新聞當時在全國區域內播送過。

1 此處僅表達作者的回憶，燃燒鈔票之行為請考量臺灣法規自行斟酌。

沒有看緊荷包是什麼意思？

以常識來說人們當然都想要有意義地使用金錢。然而也有做不到的時候，例如，你有過只要看到打折就不小心購買的經驗嗎？那真的是有意義的嗎？有種買到賺到的錯覺，比較看看，不買的話又會是怎樣呢？

曾耳聞如果看到報紙的傳單，即使只便宜一日圓也會跑到另一站買的說法，這樣還不如一開始就不要拿那份報紙。

為了撿起掉落在街上的一日圓，而消耗一日圓以上的熱量，一個不知是真是假的都市傳說。活著本身就在消耗熱量了，為了一日圓反而消耗更多。

另外，常聽說會想在發薪當日買點什麼，電視上也說著一到發薪日就會鬆開荷包之類的話，但應該不是指以前的「荷包」吧？現在的錢包還需要用繩子綁緊嗎？[2]

2　古代的錢包稱為「荷包」，必須用繩子束緊袋口，避免金錢流出。

「想要買點什麼的」症候群

撇開玩笑話，但這種「因為手上有錢就想買點什麼」的症候群，就我觀察實際上是相當普遍的存在，誰都有這樣的傾向，但老實說我沒有這樣的想法，因為這種順序不對。正確的順序應該是，為了入手想要的東西，所以克制自己的購物欲，等到薪資入帳存起來後再購買，這才達成目的。

因為手上有錢而想買點什麼，是嚴重的本末倒置。再者，使用金錢是為了得到自我滿足，就這點來說也可以說是有點病態。原本花錢得到物品的行為叫作「消費」，為了「使用物品」而買入非常合理。若對於花錢購物的行為本身感到滿足，那交易行為則變成一項「目的」。若這樣可以感到滿足的話，也許光是從銀行領錢就能滿足。

我不認為將錢轉化成商品會令人感到開心，因為金錢本身存在的可能性更大，它的使用方式無限又有極高的潛力，然而商品僅限使用於特定目的上，更何況有人可能還沒有使用，只光是買而已。依人而定，也有人只靠購物就能滿足，回到家甚至沒有從袋子或盒子中拿出來過，也有聽過這樣病入膏肓的人。

有些人說不定是在店裡「購買」物品的行為中，透過與店員之間的往來感受到了價值。

為這一瞬間的人際關係感到滿足，抱持著那點優越感來購物，感受一下在掏出錢時的自己變成有錢人的幻想和錯覺。

名牌店內不惜重金打造奢華氣氛，在那裡上班的店員就像是服侍王子陛下的僕人一樣，就像把「購買」這種行為本身作為商品來進行交易，也就是說他們演出「讓你想購買」的氣氛。

「單品豪華主義」心理

此外也有所謂的「單品豪華主義」，意思是指對於其他花費都省吃儉用，只對一種物品集中投注金錢。我實際上沒有看過這樣的人也沒辦法說什麼，這種大概是高價購買自己有興趣的東西，並以「其他東西都省吃儉用」的藉口說服自己。這也是因為「奢侈是一種罪惡」這種從戰前就有如亡靈般如影隨形的觀念延續至今吧！

即便如此這都是個人的自由，要在自己喜歡的東西上投注金錢也沒關係吧！若能誠實面對自己的欲望是很棒的一件事。人對生活費和興趣的支出比例要怎麼分配都不是一種錯，如果沒有造成他人的困擾，他人也沒道理抱怨你。只是就家族共同體而言收入並非工作者個人所有物，因此有必要進行討論來達成共識，這很理所當然。

「因為是自己做的」這個藉口

你知不知道公園等地方偶爾會有迷你SL（Steam Locomotive，指SL蒸汽復古列車）呢？這是按實物製作的模型，實際上可以牽引乘載很多乘客的列車，藉由火燒石炭後產生的蒸氣來運行，大部分都由男性長輩來駕駛，而製作蒸汽火車的當事人即為駕駛。

這個迷你SL若買完成品應該要花上好幾百萬日圓，稍微大一點的模型則需要將近一千萬日圓。因此一般人看來這非常奢侈，想享受這個興趣的人一開始最想問的：「要花多少錢？」通常媒體來採訪時一定都會問這個問題。

大部分會聽到的回答是：「全部都是自己做的，沒有這麼花錢，材料費大概二、三十萬日圓。」

這個說法與其說是謙虛，應該說是藉口吧！材料費確實差不多是這樣，不過為了加工該材料所用的工具，最便宜也需要幾百萬日圓左右。再者，最重要的是製作費時，就算是自己做的，如果以日薪換算也要不少錢。若是迷你SL的話，約需花兩千個小時的作業時間，若以時薪千元日圓換算的話大概要二百萬左右。因為是專門技師做的，這樣便宜的估價其實非常失禮。組裝套件的產品經過量產後售價可高達數百萬日圓，這當然也是必要的花費。或是剩下的自行組裝完成，這就是組裝套件。總之如果請他人完成一節車廂，通常需要花費一千萬日圓以上。

製作越多就越便宜

無論是自己來或請他人製作，製成的價值是相同的，但自己處理可以享受作業過程並得到學會技術的滿足感。這部分為其原本的附加價值，為了獲得這麼快樂的時光而花錢。

進一步地說，不要忘了蒸汽火車模型是由誰設計的。就算只是模型，但到一定等級的模型若是沒有設計圖便無法製作。自己設計的話比動手做更花時間，即使每日思考、每日繪製圖面，也需要耗時數年才能完成。所以圖面該如何入手？大概需要花費十萬日圓，這樣的圖面才能被複製，讓很多人共用。

像這種產品會透過大量生產來降低價格。例如老虎鉗或泥鏟等，因為對使用這類工具的消費者而言價值不會改變，只要能發揮作用就很夠了。

如果換作是衣服，情況又不太一樣了，與別人撞衫時，不知道怎麼地就會感到厭惡，因為這種心態導致，讓很多人都想與他人不一樣（我沒有這樣想）。因此，即便對自己而言是有價值的事物，仍會被周遭人或是遙遠的他方、幾乎無關的人所影響。

越熱賣的越貴

寫到目前為止，我想讀者應該知道我是對別人的動向完全不在意的人。也就是說，我不會因為和其他人持有相同的物品，就改變對自己所有物的價值，因為自身感受的評價是絕對的。

舉例而言，賣得很好的汽車不會吸引我。我自己偏好開不受市場歡迎的車，人氣商品不會是我的購買標準，或許多少受到一些影響吧！

十五年來在網路拍賣市場上購物，至今累積消費接近一億日圓，主要購買像是個人的手作品，或想要動手做但受到挫折而沒完成的半成品，還有不知道原本面貌的報廢品。

「產品」對我而言沒有吸引力。所謂的產品，也就是指量產了很多同規格的商品。就像我喜愛的模型型號，頂多只有十個品項，最多也只量產一百個左右，即使這樣，這也稱得上是產品，但對我而言吸引力減半。

常會看到絕版品等會標上「優惠價格」，這我不太相信。既然是產品，因為絕版而比發售當時的價格更貴，對我而言是無法接受的（只要沒有非常合理的理由），那是因為對我來說物品的價值並沒有提升，不過是想要的人很多所以相互競標，我不想介入這種毫無意義的競買。

不買「以販賣為前提」的物品

另一方面，即使商品已經壞掉、沒有用了，或是只做到一半，但如果這是某個人手做且世上僅存的話，我會被深深吸引。想要買下它由自己修復，想繼承製作者的遺志（物品的作者很有可能已離世），由我繼續做下去，想像那個人會想怎麼做是很有趣的，從那樣的樂趣中能找到價值。

若以每小時觀察全世界的網路拍賣，可看到競標品幾乎都是產品，在這樣的市場販售物品的人們，傾向將未拆封的物品裝進漂亮的包裝盒，這樣會被給予加分的評價。

我自己買的模型會立刻從包裝盒拿出來然後把盒子丟掉，我只要內容物，而非放在盒子中觀賞。我不認為光是擁有就有其價值，但也不會想著哪天要賣出。

若想要之後賣出的人，可以好好保存整潔並美化一番，搞不好可以訂下更高的價格，這是從暫時持有物上找到價值，然後又以轉手賣出的價值進行估價。依物品而定，有些物品比起剛買時更有價值，像是近來有一些以前的鐵製玩具掀起高價售出的熱潮。

我也很喜歡鐵製玩具，有時會在拍賣網站上購買，這是因為對在童年時想要的東西感到很有懷舊風情。然而我一旦入手就會把盒子丟掉，拿出內容物來玩賞，隨便一擺，即使蒙上灰塵也沒有關係，而且也沒有任何想賣出的念頭。

自己買的東西自己消耗

容我再說一下自己的購物之道吧！

原本就是因為發現物品的價值，才決定拿自己的錢購買。若不是這樣，而是預期物品將來可以用更高的價格賣出才買入，這樣的結果可以說是被「對自己而言的價值」給束縛了吧！

買入後成為自己所有物的價值，觸摸它、把玩它、加以賞玩，或是壞掉後加以改造，加工後成為不同的新東西。那是作為自身所有物會有的行為，也是購買的理由。

有些物品也許是買來觀賞用。如果能單從外表來看是有價值，而且拍下照片就能擁有，那麼不必特地擁有實物也無妨吧（雖然說如此，我也會買畫掛在家中明顯的地方當作裝飾，每日觀賞就有消耗該物的價值）。

還有人說如果討厭弄髒可以放進盒子，我想即使弄髒也不會讓物品的本質產生變化。作為裝飾物，被塵埃覆蓋也不會在意，更不會在乎刮痕或是沾到油漬等使用後的痕跡。因為你正在消耗它的價值，如果不被消耗是感覺不到價值。所謂的擁有，不就是包括以上那些行為嗎？

自己手作的能增加價值

假設以賣出為前提而買進會漲價的事物，這樣的金錢減法術感覺不太對，還不如從一開始就不買。如果考量到增值的話，如前述的迷你型SL，購買材料後享受自行製作的樂趣，比起直接購買成品的價值多上數十倍。若販售完成品當然可以賣很高的價格，但這和本篇想強調的立意不同。手作真正的本質是指享受自己動手製作的這段時間，而這樣的價值可是比原本最初所付出的金額高出好幾十倍呢！

不擅長手作的人無法理解這個樂趣吧！不過，塑膠模型還是需要一些工具裝備試著組裝才能稍稍體會。因為親手製作的過程很有趣，會比買成品來裝飾獲得更多樂趣。

畫畫也一樣，喜歡掛畫也很不錯，而親手繪製的時間本身就相當有趣，即使畫得不如自己所願也不會有損失。

畫畫時非買不可的是畫筆和水彩盤等材料。與之後完成畫作所獲得的價值相較之下，那只能算是小額支出而已。

十年前的貧窮人生

從前述到現在，自己想要的以及想做的，為了取得對自己而言有價值的事物而付錢，這是金錢減法術的正道，也可以說是王道。

不過，在這世上一定也有人認為這樣使用金錢的方式本身就很奢侈吧！

當然也有人會說並不是要花錢來做快樂的事，光生存也很辛苦。例如，食衣住行是生存不可或缺的條件，若連這種最低限度的條件都沒辦法確保的話，就不能在休閒娛樂上消費。沒有這樣的餘裕，光是工作就精疲力盡，過著吃飽就睡的生活（這種人會看書嗎，我不知道）。

經濟困頓之人的煩惱隨處可見。例如，聽到別人說償還貸款過得很苦，這都是因為最初要得到好處導致必須分期付款。變成這樣之前應該做些什麼？第一個要先反省，當買入不符合收入的東西時會害到自己的未來。該怎麼辦才好呢，那是沒有解套的。但是只要今後能一直努力下去，十年後就能改善生活品質，這是有跡可尋的。

陷入這種債務地獄的窮困案例非常多。提醒自己除了償還本金之外還需要支付利息，思考為什麼會需要那麼多錢之類的問題。對這種情況我也沒辦法提供什麼建議。除了奉勸別借款以外沒有其他解決之道，正如剛才所說的勿貪小失大。

陷入不得不買的陷阱

其次，不時會看到的錯誤是「因為是必要的」這種消費，而花光金錢的例子。

例如，居住地的高租金，再加上孩子的教育費，以及與朋友之間的交際應酬而不得不勉強支出，因為「不想悲慘到連這種錢都花不起」這個理由，導致只能不斷支出而減少存款，但其實這個狀況本身並不悲慘。大部分的情況下他們會認定「這是不得不支出的花費」，從我的角度來看這的確是一種「奢侈」。

我想說的是前後順序相反了，賺錢是為了做自己想做的事。為了滿足自己的欲望必須稍微忍耐來賺錢。只要付出精力和時間就能得到報酬，這就是工作。因此，首先花錢做自己想做的事是合理的。我和太太最初的約定使用也是收入的一成（合計約二成），剩下的八成用來作為生活開銷，這樣的規劃是有其必要性的。

最初要因應收入來規劃生活。依情況而定，也許做超出能力負擔的事也會有負債。這樣一來，就沒有多餘的資金可以實現自身的快樂了。不只是這樣，債務的利息也成為未來生活的禍根，可以說是一種巨大損失，一切將化為烏有。

購買前請三思

再者，多數的人不自覺以「這是必要的」為藉口來說服自己，在不知不覺中做了浪費的開銷。

或許那確實是非常困難的判斷。經常會看到為了孩子而支出，無意中過於奢侈的傾向。總會想著是必要的支出，只能提前挪用下個月的預算，做出這種過於安逸的抉擇，像這樣錯誤的判斷經常會發生。

讓我們來好好想想真的是有必要的嗎？

恐怕大多數都是為了給他人看的排場，因為不想被認為自己過得很慘，這種被歸根於「個人情感」的支出。請先認清因為沒有錢，悲慘是當然的，這樣會比較有幫助。認為自己悲慘原本就是一種主觀想法，但若情感上無法控制的話，也無可厚非！

我和太太經常討論家庭之間的共同開銷。例如料理器具、冷氣相關，或是孩子相關的花費，從共同負擔的八成費用來支出，這需要二人共同商議。

這種時候我作為大前提的是，不是「有多需要」這件事，重要的是「有多想要」。

事實上，大部分的必需品並不是絕對必需。也就是說購買該物品的當下，就算沒有也可以過日子。另一方面，想要的東西本身相當有說服力，只要可以說明有多想要，應該就能說服對方吧！

你真的想要嗎？

為了說明有多想要，取而代之以捨棄和忍耐不買其他的東西，作為替代的方法為例。

例如，孩子們說比起買遊戲更想去補習班，於是我答應他們。我不太清楚是否有必要去補習班，實際上會有多少成效也不得而知。我想即使不去補習班，只要有讀書還是可以維持不差的成績，從理論上來說很合理。然而，上補習班的想法是出自孩子們的願望，這跟有必要去補的情況相比，前者會更熱衷於學習。

比起為了必要而買，為了想要而買對自己而言才更有價值，這種想法更合乎常理。必要性的條件在大多數的情況下是基於他人的要求，因為這是社會的常識和習慣，但事實上對自己的生活真的是必要的嗎？想著這種交易能得到什麼實質的效果呢？很多時候其實找不出價值。所以說如果真的要投入金錢，請換成真正有價值的東西吧！

你真的需要嗎？

再作一點說明，首先想要指出的是，大部分的人不會考量那是否真的「有需要」。也許我舉的例子不太好，在孩子上小學時，人人都會買 Ransel 小學生書包吧（自荷蘭引進的學生用背包）！為什麼呢？沒有那個書包就不行嗎？校規沒有這樣寫。如果有這種規則，那依據為何？如果能抱持著以上這些疑問是很好，不過事實是大多數人毫無疑問就買了這牌相當昂貴的書包，這是為什麼？

如果認為我的孩子沒有那個書包會被排擠，這樣的想法是否原本就有問題呢？為了不被排擠只好花錢買下，這是正確的嗎？

當然，不是對這個書包說三道四，這裡只是舉出容易理解的例子。然而，這些常識被多數人囫圇吞棗，因為那是常識所以必須這樣做，因為是常識也是必要的，毫無抵抗。實際上這不是正在想，而是完全沒有想過，只是反射動作而已。

近來的智慧型手機也是類似的例子。很多人雖然說沒有錢很困擾，但還是拿智慧型手機在玩遊戲。可以觀察到因為那是他們想做的事吧！如果煩惱沒錢就不要再用智慧型手機怎麼樣呢？恐怕會被反駁說做不到吧！主張智慧型手機也變成必需品，雖然我有智慧型手機，但完全不覺得有必要使用。

想像你在無人島

再次重申，金錢是為你自己的可能性而使用，你為此賺錢，要買什麼當然是你的自由。不過，想請各位捫心自問，你的自由真的已經實現了嗎？現在我在寫的就是這件事。

另外，在購物當下，要注意購買那些東西的目的，是為了給誰看嗎？還是為了沉浸在愉悅的氣氛裡而向人炫耀？是否已經預先設想他人會投以羨慕的眼光了呢？

請試著這樣想像如何？

如果你突然搬到深山去過著與世隔絕的生活，五年內你見不到任何人、不用說話也不能帶照片去。必須獨自前往一個沒有人知道在哪的國度。可以和家人一起去，但不和他人來往。

想像那種處境看看！變成這樣時，你現在想買的東西還要買嗎？即使買了，也不會有人看到，也無法展現給別人看，沒有人會給你任何反應。即使如此，你還是想要嗎？

只是想像是不用花錢的，但這種想像更有價值，可以幫助你想起自己的嗜好和導正自己的判斷！

想要被別人認同的症候群

我總是在買自己想買的東西，那些不是為了給別人看，我的家人也沒看過。是為了開心而買，我一個人就很開心了。真正的快樂其實是獨處的時候，因為是單純的快樂。雖然也會有想給別人看的想法，但實際上分享後卻被反問購買原因，而失去了我最初想分享的本意。

動手做東西是很快樂的，一道道作業程序都很有趣。由自己發想、自己嘗試，若能做得好時也會自我稱讚。

與其得到別人的稱讚，不如自己稱讚自己會更開心。應該說，我知道自己真正的心情，也瞭解真正的辛苦，不會被誤解，既誠實又坦率。

相反來說，為什麼會想被人們稱讚和認同呢？我覺得不可思議。

據我的觀察，想要被別人認同的欲望，這種希望被認可的自我要求，在這網絡社會中也過於強烈了吧！現代的小孩相對地被很多大人保護著。而且一直以來都以在讚美中培育孩子的教育法為主流，從年幼時開始，不管三七二十一先稱讚再說吧！不管做了什麼，周遭的大人都會立即反應，誇張地拍手，說著好可愛、好厲害，好棒啊等不停地稱讚。結果將他們培養成認為得到這種善意的反應才是這個「社會」的模樣。

當成為大人開始一個人生活後，這才顛覆世界觀。因為在工作職場上沒有人會這樣稱讚你。大部分的工作都是站在稱讚對方的立場，彎著腰鞠躬著，不得不取悅對方，與童年時的情況相去甚遠。

為了解壓而花錢

一旦出社會就會有壓力，用工作賺來的錢消費時也會被店員稱讚吧！在煽動之下往往容易買下高價品，這樣一來也可以解壓。在網路上的多數人都將錢花在炫耀自己擁有的東西、品嘗的料理或到過的地方，似乎在跟大家邀讚，這也許是一種消除壓力的方式。或許你會說為了解壓所以花錢有什麼錯。不是說不對，而是消解壓力是你想做的事情嗎？

真的想要那樣嗎？

還是只是聽起來是這樣。

給不知道自己想要什麼的人們

以前也許有人不知道自己想要的東西是什麼；

甚至不知道自己想要什麼或想做什麼；

以這樣的狀態，想著到底為何而工作而感到憂鬱。

我常接受有這種煩惱的年輕人的諮詢，我自己也不知道該如何應對才好。因為大部分的情況是他們自己也不知道煩惱的原因。

另外，因身體問題而辭去工作的人大有人在。如果因為工作條件過於嚴酷辛苦的話，暫時休息一下也是一個解決方案。擁有思考的時間，無論在哪種情況下都是有意義的。是的，除了思考以外沒有其他方法了。

有人會擔心如果想太多會更憂鬱，但只要稍加思考即可。不過還是別考慮工作的事會比較好。

應該思考的是，自己想做什麼。

結論是，讓金錢減法術成為人生思考的大事吧！

應該為了什麼而花錢？應該買什麼？買的東西要如何使用？由此可以產生什麼價值呢？自己會因那件事而有什麼變化嗎？思考這些才是當前的課題，這就是金錢的使用之道。

只追求眼前的快樂會越來越空虛

請勿搞錯這裡不是「叫人不要亂浪費」，不如說是相反才對。「試著去浪費看看吧」是我提出的解決方案。浪費能讓人感到快樂，能找回自己。

盡量不去追求一時的價值，而是追求與將來有所連結的價值。不讓花錢獲得的愉快轉瞬消逝，而是能長久保持的快樂，期待未來的發展性，從為了生存而調整狀態的觀點來看是最有效的。

人們總是容易追求眼前的快樂，但變成反效果的情況也很多。例如，邀請朋友辦場宴會就是個好例子，在那種場合中氣氛很熱絡，但忽然冷卻下來時，會感受到比以往更大的孤獨感。

快樂原本就是生活的價值，那不是一時的幻想，而是有階段性地建構出來的結構。這是需要認真地規畫並一點一滴地展開。

若沒有這樣的快樂，人們會傾向追求瞬間的事物，沉醉於幻想。恐怕是想從現實中逃避，我想這是種本能和自我防衛。有很多人沉浸於這些幻想中，希望他們能想想現在這樣是否已經失去了更多時間和精力。

為了你的未來而花錢

年輕人擁有時間及可能性，因為有很多餘裕反而更容易蹉跎時光，浪費的錢可以再賺回來，但時間無法再從頭來過。

很多人不想為了煩惱而猶豫不決，但我覺得煩惱絕對比較好，這樣的過程和時間絕不是浪費，對往後的人生是有幫助的。

年輕人在社會上被認為是富進取心的，我想那也是與生存有關的本能。絕不是不好的。不過也並非嘩眾取寵、力求表現就好，而是確實的提升自身能力。同時投入金錢、時間和精力。投資自己是最值得期待，且期望值最高的行為，提升自我價值也能增進往後整體的價值。

你花錢買下的，就是你的未來。

母親當年買給我的斜口鉗

如果一直講抽象的話，我想很多人會睡著吧！所以在本章的最後寫幾個具體的故事。分別是我在童年、年輕時以及較為最近的事，都是與購物有關的話題。我沒有特別想講的內容，只是如果能從這樣的案例來幫助各位思考，並活用於自身的話，敬請多加利用。可以投射於自身並稍作思考的話就太好了！

首先是我小學四年級時。

母親雖然不曾買過任何玩具，但只要是和手作相關的工具她會無條件地買下，也允許自由購入書籍。然而我非常討厭看書也讀不下去，但卻能閱讀手作相關的書，可以說是透過這類書籍讓我學會了閱讀。

當你在閱讀手作書籍時，會發現斜口鉗和長嘴鉗這些工具經常出現在書中。而我當時手作使用的是我母親縫紉機抽屜中放的附屬工具，還額外買了烙鐵。有時為了手作，會在去學校上課前獨自使用它，還曾經不小心燙傷過。

烙鐵是用在電子木工上，將小零件進行焊接組裝電子迴路。這項作業必須使用斜口鉗，找遍了附近的五金行才發現要價近一千日圓，光我的零用錢是不夠的，所以拜託母親帶我去買。

那天之後的星期日，母親帶我去了一趟松阪屋百貨公司，還記得我以前每次去百貨公司都直奔玩具區去看看遙控飛機和鐵路模型。如果沒買，我就會努力銘記於心，嘗試自己動手做出相同的模型。

在百貨公司很難找到斜口鉗，好在最後終於發現一支要價五千日圓的德國製高級品。我當時跟母親說，如果在鄰近的五金行買的話只需要五分之一的價格，母親還是完全不在意地買了五千日圓的斜口鉗。

如果可以支付五千日圓，那就能買下剛才看到的遙控戰車模型，其他很多東西也可以買了吧！因此與其說開心，不如說無法釋懷。

斜口鉗是剪斷電線或金屬線的老虎鉗，是相當頻繁地用在手作上的工具，因此有很多種類。現在我手上有八種不同的斜口鉗，在五金店買的用了大約十年左右，因為刀刃不見而無法再使用。於是在八支斜口鉗當中就有七支換了好幾次，唯一一支使用至今，就是我小學時母親買給我的斜口鉗。

那支斜口鉗把手部分的塑膠已經劣化嚴重，有時常用膠帶重貼綑起來。而刀刃目前還健在，鋒利度也沒有變鈍。

這裡要說的是，我母親幫我買的斜口鉗不是無用的花費。尤其是這對她的兒子來說有非常重要的教育效果。如果我請她幫我買戰車遙控模型，也許我這一生都不會發覺到母親真正的用意。

人生中僅此一次的貸款

接下來是我二十四歲時的故事。

我在那個四月裡同時就職和結婚（晚於就職一周後），並搬到很遠的地方。在那之前我靠獎學金和家教打工來維生，當時第一次有正職薪水這回事。那時是六月，我拿到的分紅記得大約是十五萬日圓左右。我用這個紅利拿去買汽車冷氣（汽車是我學生時代打工買來的）。

雖然我前面寫著不能貸款這樣的內容，但我人生中只貸過一次款。那是在我初入社會可以領薪水、對貸款的反感還很薄弱的時候。

我在八月時買了一幅畫。所謂的畫就是掛畫，也就是美術品。是出自於法國現代畫家尚皮耶・卡西紐爾（Jean-Pierre Cassigneul）的作品。以大約十五萬日圓左右購入，貸款分期三年支付。

為什麼會這樣呢？雖然在我結婚時，決定各自薪水的一成可以自由使用，但在那範圍內購買的話只能分期貸款。

對此，太太臉色很難看，感覺相當不滿。因為低薪必須過著縮衣節食地生活，這是我們討論過後應有的共識，但她沒有生氣也沒有吵架，我們可能只有稍微爭論了一下。

當然這個貸款最後順利繳清，那個掛畫現在也仍吊掛在我家的玄關大廳。事實上相同的畫（因為是版畫所以有複製品），在我買下那幅畫之後過了五年也在百貨公司中販售，已漲到百萬日圓以上的價值。那時尚皮耶・卡西紐爾越來越受到歡迎，也正處於泡沫經濟的時代。價格提升對我來說完全沒有意義，我不是為了要賣出才買入的，不過從此在太太的跟前能稍稍感到放心。

成為作家之後，手頭稍微寬裕，又再度購入尚皮耶・卡西紐爾的畫，那幅作品畫的是英國的黛安娜王妃。那時和尚皮耶・卡西紐爾本人見到面，請他在畫作的內面寫下我和太太的名字。現在仍將那幅畫和最初的畫並列掛在一起。我至今買過的畫也只有這兩幅而已。

奢侈品也可以消耗

事實上家父的愛好是繪畫，他自己會畫也收集了不少日本有名畫家的作品。在他過世後，那些畫作全部由我繼承，其中有幾幅用來裝飾我的臥室。雖然不符自己的品味，但畫這種東西把它收起來就沒有價值了，還是要每天欣賞，當作一種消耗。那幅作品應該比我買入的版畫還要貴，但我沒打算售出。

我以貸款買畫，自認貸款讓我負擔不少利息，我把它當作一次教訓，那之後在買車時我不再貸款。

順帶一提，我的太太也是自己會畫畫的人，也有曾以畫畫為工作的時期，可以說是專業級人士。她買過的畫只有一幅，也就是日本金子國義的油畫，以四百萬日圓購入，目前也掛在她的房間。她要買的時候我完全沒有說什麼，只有跟她說：「如果想要的話就買吧」。那時收入的自由預算也有一千萬日圓以上，所以預算上沒有問題。

在一般人看來這絕對是奢侈品。但是對森家（我的家族）而言，除了從我父親那裡繼承而來的日本刀和茶壺等古董品外，也沒有其他掛畫和美術品。這不是為了投資而買，也並不是為了給人欣賞才買，而且也不違背當初結婚定下的規則。

購買保時捷９１１

接下來，來談談我以作家身分出道兩年後的故事。

當時拿到的版稅比大學的薪水高出很多倍。在職場上也被同事知道這件事。只是實際上真的閱讀小說的同事很少。沒有人跟我說：「已經讀了哦！」只有說：「你出書了吧！」還有人會跟我說：「你拿了很多版稅吧，應該比薪水還要多吧？」當然，我都只是一言笑之帶過。其實拿了比薪水還要多十倍的金額，是誰都想像不到的。因為人家會想如果可以賺那麼多，那何必在這裡忙碌地工作呢？這是基於常識的判斷。當然，在我住的地方周遭沒有人知道，我還是一如往常地繼續上班，生活沒有改變。

在這當中只有一個例外。那就是保時捷９１１。我從小就很喜歡保時捷９１１，做了很多保時捷的遙控汽車模型。也拜讀了不少保時捷相關的技術書籍，只是我從沒想過要自己買，在此之前完全沒有過這種欲望。

某天，我忽然想著它的價格到底是多少？於是去了一趟保時捷的展示中心。那裡是我高中時常經過的地方，當時的我總是在玻璃櫥窗外觀望著保時捷。

結果這一看讓我決定買下它，搭載空冷式引擎的最後一台的９１１，這是我用自己的錢買的，在我收入一成以內，不超過預算的範圍，飛機和蒸汽火車暫時先忍耐不開，先來玩玩保時捷吧。這對我而言是買入大型模型的概念。

因為必要性而買車

當時我還在開本田的 BEAT。這是稍微有點特別的車型，歸類為輕型汽車，但座位只有二個，也就是雙座位的跑車，而且還是開敞篷的。我每天開著它去大學上班。即使買了保時捷後也沒有捨棄本田的 BEAT，因為我太喜歡它了。想盡辦法在我家的車庫擠出位置，好讓它再多停一台車。

我的太太雖然臉色不太好看，但沒怎麼抱怨。似乎有對我的母親說，買了那東西覺得有點困擾。母親說：「男生就是愛買那些東西啊！」這是我聽太太說的。

總之，我非常喜歡也很滿足，也曾和太太一起開車到四國（日本的一座島）去。保時捷本來就常被人們注目，這點很好，才符合它應有的價值，我不過買了一台保時捷就能充分享受樂趣。

我的太太也會開車，但不是和我共用一台而是開她自己的，BEAT 和保時捷都不是自排車她沒辦法開，太太也曾說過要升級她的車。

因此我買了一台 ROVER 一九九八年出產的 MINI COOPER 給她。那種外型的 MINI COOPER 是最後一批量產的新車，比起保時捷便宜很多，但比日本國產車還要來得貴。除了保時捷我第二喜歡的就是 MINI COOPER，所以我很贊成她買。

太太也很喜歡，常常開著它接送孩子上私校，我也常讓她接送，家族一起出去遊玩也都是開這台，在森家所有的汽車中這台 MINICOOPER 可容納最多人也載過很多行李。如果想操控無線遙控飛機時，也只能借這台車來開。

總而言之，汽車對我來說是有用的、必須的，也是想要的東西。並非實用品，而是一種興趣。我不以家人們是否能乘坐，或是其他用途來作為選車的基準，我想這樣的想法應該不算是大眾化。

然而，這對我們來說是很重要的一件事。不是因為必要才買，而是為了想要才買。

我不認為不能奢侈

在沒有錢的情況下，想買的東西都沒辦法想了吧！至少我和妻子是這樣。如果買不起的話就不考慮，雖然喜歡也是空想而已。如果買得起遙控模型的話，就買一台保時捷模型來做做看。那是因為想要遙控模型的關係，人會自然地作這些分辨。

另一方面，所謂的必需品，如果沒有錢就不需要了嗎？無論有沒有錢都還是覺得有必要吧！所以再勉強也得買。人們認為必需品並不是奢侈品，若不奢侈的話，可以買；若立刻需要的話，可以借錢去買。但我認為這種想法有問題。

關於不能奢侈的理由我無法理解。奢侈是如何判斷的呢？

這毫無意義。因為大多都以「面子」來作為判斷基礎，並非對自己而言的價值，而以他人的看法為前提。被這種想法所支配所以不做任何奢侈的消費，但若必需品是奢侈品那也沒辦法，這樣的想法不知不覺中形成。結果買了不適合自己的東西因此欠下債務、遭受損失。

雖然現在稍微富裕，但世上多的是有錢人，我們並不覺得自己是有錢人。因為從小就以同樣的價值觀和同樣的用錢態度在過現在的生活，完全沒有改變。不過，我想或許這世上的有錢人都是這麼想的。也許只有不那麼富裕的人們才會想像有錢人過著奢華的生活。

假使成為有錢人也不忘曾經的貧窮，那就代表成年後也忘不了童年時期。人一旦經歷過是不會忘記，當時的感覺仍然留存，因此能充分理解窮困時的心情。反之，若不能脫貧的話，也就無法同理有錢人的心情吧！因為沒有過類似的經驗而無法理解，就像孩子不懂大人的心情一樣。

不追求著裝

就我所知的範圍內，有錢人們毫無例外地都對「如何使用金錢」格外用心。不會想要浪費或亂花錢。不如說貧困的人才會不可思議地亂花錢。舉例而言，為了請客而不說「我們各自結帳」這句話，為了搶便宜而排隊，或是勉強自己將重物搬到遠方，然後把身體搞壞，結果必須支付龐大醫療費。這些理應是從一開始就能預想到的，像是賭注一樣。就某種意義來說，這些後來遭遇的事情也可說是種浪費行為。

我的妻子買過一件四十萬日圓的大衣，當時無法自己一個人決定的她打電話來問我，我只有說：「妳想要的話，就買吧！」雖然看過那件大衣的樣子但已經不太記得了。我對時尚毫無興趣，平日也不會注意別人穿搭（但可以記住曾見過一次的人）。

在那之後，我的妻子似乎不再買奢侈品了（或者是沒和我商量罷了）。如果只是數萬日圓，也是隨她自由購買，而我無法區分其中差異。正因為我就是這樣的人，所以妻子總在UNIQLO買我的衣服，我甚至不曉得哪件是UNIQLO，我只是每天穿著手上有的衣服。

我從未自己買過衣服也沒有單獨進服飾店的經驗（也就是說完全沒有想過），只要尺寸符合，穿哪件都可以，有時和妻子一起進入店裡被詢問要選哪一件時，我偏好以橘、黃色來挑選。

衣服對我而言是必要但非想要的東西，因此我想著儘量不要買才好。考量到洗衣的頻率，只要有三件就可以了。

尤其是我最近沒出門，只有去兜風才會出門，但也幾乎不下車。我會玩模型飛機或遛狗，幾乎不會和別人見面，就算見面也沒有意識到自己穿什麼衣服。因此穿什麼都可以，只要好穿且合乎氣候的話就沒有問題。

住宅只是單純的工具而已

同理，我認為居住也是必要而非想要。我畢業於建築系，在大學任職工學院建築學系的教職員。我的父親經營土木工程公司，他從事建築設計的工作，所以我並非建築外行。

不過我對於建築並不是那麼喜愛，這也許是很重要的一點。我從剛才就表達過好幾次必要和想要的差別，大部分的人將想做的事當成工作，因為想做才從事那份工作，但我並不是這樣。我認為工作是為了賺錢才必須做的事，對於職業沒有特定想做的。若能與自身的能力相符才合理，也就是說選擇容易賺錢的工作才更有利。

這和我當作家的理由也是一樣的，我並不是喜歡小說，而是不得不當作家。只是從當時的生活選擇了能力所及的工作。試著做看看後瞭解這是適合自己的工作，只是因為這樣而已。

住宅並不是建來讓人炫耀的地方，也不是為了招待客人，而是自己使用的場所，也就是與工具相同。就我的情況而言，這和衣服可以說是相同的東西。

不同點在於價格。住宅在個人消費中是最昂貴的，為什麼會這麼貴呢？我覺得不可思議，它也無法大量生產，也就是說高額的人工成本是最大的理由。今後若能以人工以外的勞力來生產的話，估計成本至少和幾台汽車一樣價錢。

我有過購買和建造房子的經驗，在成為作家之前曾建過自己設計的房子，還有在成為作家後也買過兩次，建過兩次。其中最重視的都是寬敞度，房子越大越貴，越大越方便居住。對我而言將房子打造成適合工作的環境是主要目的，而住宅是讓自己生活感到快樂的工具。

買地的首要考量

再者，比起住宅來說更昂貴的是土地，日本的土地特別貴。又可進一步地說，日本都會的土地更貴。我的情況是土地應訴求環境和寬廣度，若接近都會的話對我而言沒有那麼有價值，幸運的是現在可以不用買那麼貴的土地。

土地是為了我的休閒娛樂。我現在住的地方有二千坪以上，在這裡鋪設鐵軌，每天都有蒸汽火車繞著庭園行駛，為了建這個鐵道我才買那塊地。

就此意義來說土地和住宅已經被我消耗了。

最重要的是你想住哪裡，還有那塊地周遭有什麼樣的環境，會有怎樣的景觀，還有那塊地能創造出什麼呢，這些都是土地的價值。我認為我正在過著受惠於該價值的生活，所以有住在這裡的價值。

我的情況是，妻子和我一起住，她也很喜歡目前的地方（是她想搬來這裡的，那是一切的原點）。可以說是價值觀及利害關係都偶然地達成一致，當然，這和她「從中獲得什麼」的這層意義上完全不同，她已在那個地方找到她自己認為的價值。

與孩子之間的關係

我從好幾年前開始就和長女一起住，她之前在東京工作時都一個人住，後來從那份工作獨立出來，是一份無論在世界上哪個地方也能持續做著相同工作的行業。所以在這契機下開始同住，很大的原因是有狗在，她想要養自己的狗所以搬來這裡。經常在晚上使用電腦工作的她與我們有時差，我和她負責照顧的狗也有時差，所以在相同的地點，時間也不同，就是這樣。

我的長男現居東京。他的工作也是在全世界任何地方都能做的職業，這個條件正好可以來我這裡住，但現在一年才見一次，他不會特地來看我們。至於他到底在做什麼工作我們也沒有具體聊過，詳情不得而知。

我的兩個孩子都三十歲完全經濟獨立了，在經濟上我支援他們到大學畢業為止，之後再也不曾金援過。我自己也是這樣，在大學畢業後就自己獨立生活，研究生時期則靠獎學金和打工維生，離開父母的家住在宿舍。

當然，如果我的孩子有困難，身為父親的我也打算幫忙。只是在金錢上獨立這件事是相互尊重且極為重要的，這是成為獨當一面的大人時必須滿足的條件。

父親從我幼稚園開始就這麼說：「我照顧到你長大成人，長大後要靠自己的力量自力更生。做什麼都可以，去哪裡都可以，不需要照顧父母。」

我在家中排行老二，兄長已經去世所以實際上我算是長男，因此我也開始照顧父母親。母親在我四十七歲時過世，父親在我五十歲時去世，那時曾照護父親約兩年左右的時間。

在那之後我們搬到遠方，從此掙脫過去人生的伽鎖，可以說是相當幸運，但這不是受惠於其他任何人而來的。

03
金錢增法術

「為什麼我會這樣想呢？」
要對自己的判斷抱持懷疑。

請勿上當

只要去書店應該能找到很多如何賺大錢的書。在書籍宣傳中標榜這類的主題也相當多，可以說是多到不勝枚舉的地步也不會言過其實。這類書籍從我年輕時起就沒有變過，好比說「我就是以這樣的方法來累積自己的資產」這類的內容。

不單單是書，網路上關於這類的報導也是隨處可見吧！還有人是這條路上的先驅或成功人士，提供演講或研習營等機會。令人感到不可思議的是大部分的場合都是需要收費的。為什麼賺那麼多錢的人，還想要賺取那些微薄的學費呢？我也是摸不著頭緒。

大多數的情況下，確實都是有賺到錢的人以經驗來傳遞這些資訊，然而再仔細觀察，會發現他們好像是因為賺錢碰到瓶頸或是已經引退江湖才想要傳授自己的方法。也就是說，他們目前沒有持續地增加收入。

這也不無道理吧！忙於持續賺進大把鈔票的人，為什麼要告訴別人他們自己的方法呢（何況還要收錢）？

以上，這樣的道理希望大家能理解。應該說，如果連這種道理也不知道的話要怎麼賺更多錢呢？這世間也有聰明人被詐騙的例子。在此，建議對這種事情沒有把握，不擅於作這種考量的人們要好好看緊錢包才是，活得腳踏實地。我相信沒有可以賺更多錢的方法。但我也不想口出惡言，若有人跟你說有天外飛來可以如何賺進大把鈔票的方法時，千萬不要上當。若掉入這些陷阱，只會落得受騙的下場。

確實增加收入的第一種方式

在這個資訊爆炸的時代中，大多數的人們感到不安是因為「有自己不瞭解的事」、「不知道是個損失」，我想閱讀這本書的讀者應該不是不諳世事的人，若你身邊有這樣的人出現，請輕悄悄地在耳邊告訴他：「這世界上沒有一件事是你知道了就有好處的！」

這麼說來，增加收入的方法細分之下有無數種。不過，若要作大分類的話，大致上可以列舉如下。

第一種方法是貢獻自己的時間與精力，取得同等價值金錢的方法。一般稱為「工作」或叫作「打工」這樣的行為。是相當主流的方法，大部分的人（除了小孩以外）都有這種經驗。

工作能賺到錢，若沒能拿到錢可以說是一件違法的事。現代社會保障勞動者的薪水，其條件受到嚴格地規範。因此誰都可以確實地賺錢，但工作不是隨個人意願想要做就能做的。即使去應徵，也有可能因為沒有缺人而無法獲得雇用。再者，也須考慮這份工作是否能做，以及適不適合自己等問題。這必須由勞動者自己去尋找符合自身條件的工作，雇主前來主動挖角的情形較少，這只限於認可對方具備特別能力的情況。

迅速賺錢的第二種方式

第二種賺錢的方式是販售自己的持有物。這和工作幾乎沒有什麼不同，就是拿自己的東西來換取金錢的行為。差別在於能提供的物品是限定的，因此，若沒有想要該物品的人，這項交易就不成立，根據這樣的條件就能決定可以交易的價格。

店面原本就是在販賣持有物，就這個意義來看的話，這和工作沒有什麼兩樣。由於網路已普及化，外行人販售持有物的機會大幅增加，範圍也更廣。購買的人不必都是住附近的人們，可以說是交易最難成立的條件之一已被消除。

再者，與從前相比起來個人擁有物也更多。即使賣家只是小孩子，也可能擁有很多可以賣給他人的有價物（當然所有權在於其父母也是常識）。在承平時代長年持續下去，最後父母將所有權移轉給孩子也是常見的例子。

承擔風險而增加收入的第三種方式

第三種方式就是投資。相對前面二種是以交易的方式來獲得金錢，這種投資方式也許比較難懂。

首先，我想存款形同廣義的投資。只要把錢存在銀行就有利息，是增加金錢的系統。依照存款的種類，利息也會有所不同，定期存款的利息比活期存款的來得高。而定期存款有無法立即提出的不方便之處，換言之，自由提取又安全者利息較低。

比起存款，還能獲取更高報酬率的方式比比皆是，可以自行選擇投資標的或交付金錢委託他人代為投資。正因為比起存款，承擔的風險越大者利潤越高。也就是說，若託付的資金本金是能受到保障的安全方式的話，是不太能賺大錢。

最近存款利息非常地低，這代表銀行投資難以獲得利潤的時代已經到來。一般常見的投資是股票，若能成為哪家上市公司的股東，只要該公司有發展時會開始賺錢。當股票上漲時賣出，與當初買入的價格會有價差，能賺上一筆。還有，若股票有配息，即使沒有賣出也能拿到像利息一樣的少數金額。若想立即賣出可能會虧損，有長期持有的餘裕時，賣出能賺一筆的可能性很高。只是若該公司倒閉的話，原本投入股票的本金也拿不回來，在這世道中公司變容易倒閉的，必須多加留意。

在景氣好的時代靠股票賺錢的人很多，買進股票的人大部分都可以獲利。整體來看，那是因為社會處於那樣富裕的時代（當時連存款利息都變高的）。然而如今並沒有那麼簡單，在這樣艱困的時代裡，「要不要以股票來大賺一筆呢？」這樣的投資勸說訊息越來越多，真是不可思議（事實上並非不可思議的事，因為自己已賺不了什麼錢才轉而勸說別人）。

風險更高的第四種方式

第四種方式是賭博，這和投資相當類似。但是相對於投資來支援某家公司的事業發展的計劃，賭博就是將從多數人那裡蒐集來的錢，集中於少數人的簡單結構。

投資本身有賭博的元素，從賭博中也能找到具備投資性的部分。兩者都是風險越高報酬越大，就這點來說兩者是相同的。

若將風險和報酬透過機率和期望值來進行數學的運算處理，應該能有正確的認識。就像存款有銀行，股票有證券公司一樣，賭博也有處理該程序的組織。銀行或證券公司並沒有生產力，但金錢從右欄移動至左欄時就需收取手續費，賭博是完全相同的狀況。

如果是賽馬，參與賽馬的人很多，比如騎手、飼養員、販賣票券的人等都包括在內。如果是樂透彩券，則有在全國販售亭工作的員工，必須以營收來養活這些人。還有，前述這二種事業都找來名人幫忙宣傳，且營收的一部分也納入公共團體等各個體系中。

也就是說，從賭博賺來的錢需負擔高額的人事成本，也會分配給公益團體，剩下的金額才會分配給賭博的贏家。這是憑「當下運氣」贏錢的運作結構，也有人說「博奕」是很吃「運氣」。

賭博是冠冕堂皇的金錢減法術

賽馬的期望值是75％，乘上 0.75 後，數字會越來越小。以計算機試算看看，只需乘上八次就會變成 0.1。也就是說，賽馬只要賭上八個跑道，參加者手上所持有的金錢總計會減少九成。

我在年輕時曾經賭博過、打過麻將，也會玩柏青哥。賽馬只是去看看而已。我從來沒有對人們提出忠告勸他們不要賭博！因為我認為賭博也是一種樂趣及個人興趣之一。

如果投入自己的金錢和時間就能獲得相應的價值，完全沒有問題。但是，就增加收入而言效率未免也太差。所以說在金錢減少術方面，賭博可以說是相當的出色。

單方面的收受金錢

除了前面所述，也有其他獲取金錢的方式。例如竊盜、偽造貨幣、詐騙等違法行為。賭博在某些國家也是一種違法行為，而且被認定是違法行為的風險相當高，也不常見到有所獲利。

再者，非犯罪行為，有單方面收取他人給予的方式。例如，以前在街上有不少乞討者，路過人們會給點零錢，這就是取自他人的恩惠。也有極端的例子，例如取自親近的人、取自父母者，或祖父母或戀人等情況。

如果是小朋友，可以拿到零用錢和紅包。但最近聽聞紅包的金額都不小。小時候，紅包也是我活動的資金來源，雖然每個月有零用錢但非常少，馬上就用完了沒辦法當作長期的預算。紅包的金額很大，是因為父母的兄弟姊妹各有七位和五位，我的叔伯舅姑姨伯母相當多。和以前比起來，現在親戚的數量或許有減少，不過因為現代人長壽的關係，祖父母和曾祖父母健在的可能性蠻高（這是無謂的觀察）。

而其中值得注意的是，若大筆的金額在個人之間轉讓時是需要繳稅，而且不能因為不知情就能逃過徵稅事實。

遺產到手為時已晚

也有遺產從天而降的情況發生。因為現在少子化的關係，共同繼承的人數少，比以前更有利。不過，反之近來人們都很長壽，七十世代的人們也充滿活力和元氣。長壽這件事也使得遺產減少，在這種意義下或許可說是遺產不景氣。

此外父母親的遺產突然入手時，自己也已步入老年的情況占多數。這樣的時機點獲取一筆意外之財實在是很遺憾，因為青壯年時期才是最需要錢的時候。再說，照護父母也需花費大把時間和勞力，資產也會日漸減少，所以無論如何最好不要太期待這種方式。

人們的工作漸漸變得輕鬆

總結來說，大致瀏覽一遍前述所說的「金錢增法術」，「工作」還是風險最低的方式，且能獲得確實的利益已是自明之理。也因此才有那麼多人每天工作，這是現實。每天通勤在列車內擠得像沙丁魚，定時到公司集合。以局外人身分來看，會不解為什麼非得一起在相同時間集合。近來職場環境也有所檢討，我想今後可以漸漸往改善方向前進。

與從前相比現在的工作已經輕鬆很多，那是因為運用到人類以外的資源也很多。我想有聽過工業革命這個名詞吧！事實上在社會發生了革命性的變化。在那之後改以機器操作，也讓人們因此輕鬆許多。

當AI問世後，有很多媒體煽動人們的工作也許會不保。這也是一種工業革命，人們的工作都被剝奪。結果造成人們轉而去寫小說、去唱歌等，像是休閒娛樂性質的事物變成人們的工作。今後也會朝這樣的方向發展，也就是所謂的「肉體勞動」這樣的工作，全部都由機器來代勞。將來可能變成即使玩樂也能讓生活有所保障的社會。這樣說來，可以預想工作完全變成一種興趣了呢！

工學院的就職斡旋

我想有不少人認為未來怎樣都沒關係，但現在沒有錢就糟了，雖然想要工作但無法找到工作。尤其是今後要出社會的年輕人，要做什麼工作才好呢？自己要如何賺錢才好呢，可能會感到困惑吧！總之無論做什麼都好，只要稍微嘗試工作看看就能得到一些感觸，這是我的意見。

我是大學的教職員，看過很多準備就業的年輕人。他們多次向我諮詢應該做什麼工作才好、什麼工作比較有未來性，自己是否適合等。因為是工學院，傳統上由教職員來協助就職問題。還有我們建築學系可以說是最接近專門技術職位的系所，幾乎所有學生都希望去建築公司或設計事務所（會期望去其他一般企業上班的學生不到一成），大學的教職員就是一個窗口，可以向企業引薦學生。想要去其他企業就職的學生則前往公司面試，或是說明會等一般的就職活動。

由於學習該領域的知識而擁有的專門技術，對於就業來說是壓倒性地有利，大部分的情況下企業會自己來找學生，不時會有企業接待學生。若是優秀的學生，即使都沒有主動出擊也會收到有名企業的邀約，就是這領域的現狀。像這種事對於文科的大學來說也許是有點無法想像的狀況。

擁有一技之長

簡單來說，這就等同提升個人價值。也就是人們常說的「擁有一技之長」，若有這樣特殊的狀態，容易找到工作，轉職也是輕而易舉，不會有無法謀生的情況。還有若能提升價值的話，大部分的情況下可以拿到高薪。

也就是以增加金錢的方式來說，比剛才舉例更有效的，其實是提升自身的工作能力，再簡單一點來說就是「念書」。「念書」絕非快樂的事情，這是理所當然。不過，念書能增加收入這件事，可以說是幾近事實。這在統計上也能簡單地得到證實吧！

也是因為如此，父母尤其看重對孩子的教育。花錢讓小孩上補習班學習，尋求家庭教師引導孩子從小開始念書。為了能讓念書變有趣而下了很多工夫。「為了將來著想」這句話，像是在說服孩子一樣，也就是說能「變得有錢」的意思。恐怕是因為他們自身也切身感受到那是個事實吧！

若考量到這樣，要如何才能找到好的工作呢？對於這個疑問，若回答「沒有即刻有效的方法」是正確的。最好的方法是花上好幾年念書，也就是說，若你目前臨近就業階段就已太遲了。

工作量與薪水不成正比

恐怕無論是哪種工作大致都是相同的，剛開始工作時誰都是新人，勞動所得的薪水不成比例。不過一旦工作上手後效率就會提升，判斷也更加精確，可以發揮出的價值也會等同於收到的薪資。

當工作上手後也越做越起勁，由雇主方來看這是最有價值的員工。然而之後效率就到了極限，應該要適度地放鬆。若掌握要領的人會在不明顯的地方偷懶，不過就算如此，在一般的場合之下薪水仍會持續提升。

在其間成為上司，工作交由部下，幾乎什麼都不用做就能領取高薪。對於新事物不加以思量，想著能安然度日到了退休就好，這在辛勤工作的世代來看，就像是「薪水小偷」

一樣吧！而就本人來說，可能會抱著「因為年輕時也很辛苦地工作，這時收點回報也是應該」的心情吧！

像這樣，薪水制的公司職員工作量和薪水未必成比例。相對於工作量和生活品質來說，對此先有認知也好。若已婚或有了小孩的話會有津貼，提供這種津貼證明了在工作以外的事情受到了重視。從這方面來看，這就是資本主義，但多少也採用了社會主義的制度。

學好工作技能

適應工作的速度因人而異，有人學得快有人很慢，領悟力高的有即戰力，初期是有價值，然而長期來看也有停滯不前的傾向，而一點一滴切實記住工作的人，多半最終還是很有能力。像這樣的事居於上位者感覺可以理解，年輕人也許不要太焦慮比較好。

「有所成長」這句話常被用到，這是代表個人能力的進步，很多人把這種事理解成「知識」，不時聽到希望工作能早點上手。不過並非如此，所謂的「成長」是指如何思考比較好，由這樣的思考力來決定。不只是記住而已，而是創造出來的。用腦越多越靈光，就像越運動身體就會越習慣，也越上手，雖然運動不是靠知識來上手，不過思考力還是有必要的。

關於就職與轉職

年輕人在就業時，常以是否具「未來發展性」作為考量，無論你選哪一間公司這似乎都是一個重點。不過，不是因為買該公司的股票才考量未來性的。的確，進入沒有未來性的公司，若倒閉後就一無所有，但即使公司倒閉，債務又不是自己欠下的，所以不能說是絕對性的風險。只是重新再找公司會花費心力而已。正因為是快倒閉的公司，也許還能因此學到很多東西，或許此時嶄露頭角也更容易，這樣一來也有利於之後重新就業。

另一方面，目前發展良好的公司就業競爭率高，同世代的競爭對手很多。一旦公司狀況變差時，很多人可能會變成裁員的對象，即使沒有倒閉，不穩定的可能性也很高。經過十年，時代會轉變，相較之下，目前企業的壽命絕不會比人的壽命還長。

在考量是否增加收入時，當然會想轉職，也許能換到其他薪水更高、條件好的公司，還有也可選擇挑戰自立創業開始作生意。

一般而言在這種情況下，風險越高，成功時的獲利也越高，但成功的機率與是否有好好準備計畫而有很大的差別。若準備時間越長則成功機率也會增高。但若一時衝動且情緒化地喊出「我要辭職」後才考慮接下來的轉職方向，則成功機率會較低。

重返校園的社會人士

這陣子最特別的是經常看到很多重讀大學的實例，這個現象以前也不是沒有。特別是研究所也有社會人士入學制度，可以同時在公司上班又讀大學。這是企業為了培育人材而與大學工學院的研究室合作，對企業來說也是有好處的，故有此制度的形成。

不只是這樣的情況，辭去工作重返大學或研究所的人數也增多。年齡多半落在三十代前半吧！

首先，也就是說不繼續做自己想做的工作，去學習完全不同的專業。有的是為繼承家業或繼承結婚對象父母的工作，這種例子也大有人在。

也有一定比例的人去念與大學相同專業的研究所。因為大學四年畢業後就職，進入公司才發現念研究所出來的人很多，自己也想擁有那樣的學位優勢，有上述這種考量的人不在少數。

也有再就讀博士班課程的例子。讀完碩士班後在公司從事研究性質的工作，大部分的人如果判斷擁有博士學位對未來較有利的話，會於此情況下獲得公司的認同後再去讀博士班。不管怎麼說，若沒有這樣的附加條件，取得博士學位後又能進同公司上班，就年齡來看，是很困難的，所以不能以輕佻的態度挑戰重新讀書這件事。

辭去工作開始作生意

另一方面，也有人對於人際關係感到疲乏，辭去上班族的工作，開始作生意。每個人都有適合或不適合的工作，大概是有所自覺而決定轉職。不能保持微笑、鞠躬，到處跑來跑去的人，容易在公司組織中引起摩擦（我沒有經驗所以我不知道），他們可能想著與其這樣，那還不如一個人作生意。

然而生意並非一件簡單的事，尤其是一開始需要資金。我的父親經營土木工程公司，一直以來親眼見證這一切的我比較瞭解。的確，賺錢時很賺錢，但有時狀況不佳，意外發生時，一點小事就能讓公司陷入危機的風險。這時不會有人來幫忙，這就是自己經營和拿公司薪水二者之間決定性的不同點。簡而言之，如果生病的話一切都萬劫不復了。

現在的我正經營著作家這個身分，作家不須雇用他人也能自立。生意也是，若不用雇用他人就能成立的話，風險也較小。還有作家不需要店面也不需要辦公室，生財器具幾乎不需要，也不需要投資設備，也就是說任何人都可以立即開業。也不需要證照，只要自稱為作家，自那天開始就一直都是作家，即使不用著作也是作家。也就是說，當這句「我是作家」說出口時，就形同設備完備，如同掛上招牌的店面、雇用店員來開店的狀態，剩下的就是客人是否要前來光顧而已。

為了得到感謝而工作

從擁有店面到準備開店為止必須持續地支出，在這個時機點很好的是，因為抱持著夢想而快樂得不得了，可以不需要向任何人鞠躬低頭。不過會因為客人入內消費，在收錢時不得不低下頭，賣方會說句「謝謝您」來傳達感謝之意。若無意外，消費者一般是不會說出感謝的話。

不少年輕人要求工作「要做得有價值」，對他們來說「做得有價值」的工作是會受到顧客感謝的。這是世上的常識，是社會的基本法則，收錢的那方才是需要感謝，但這明顯不合理。當然還是有協助解決消費者困擾會受到感謝的職務（例如治療疾病的醫生）。不過，那是做出了超過金額以外的工作才會讓對方說出感謝的言語。

無論如何都想被感謝的話，不要收錢更容易得到感謝。

想聽到「感謝」這樣的話，僅限於接待客戶等現場第一線的工作。大部分的工作都是在後方進行支援的作業，開發和研究的工作不會直接被誰感謝。然而，不是所有工作一定都會對社會有所貢獻。只要感到自豪，自己稱讚自己也可以。這不是在開玩笑，我認為相當重要，如果自己無法稱讚自己，最好把那份工作辭掉。

前輩不傳授工作的症候群

若想要在工作上提升自我，也就是想要成為從事更好工作的人，年輕人應該抱持上進心。若從一開始就不努力的話，雖然不是活不下去，但會產生問題。工作做得出色代表能提高賺錢效率，也能與實現自己的欲望互相連結。

很多人都有感於光是工作也無法學到與工作相關的專業知識，很多人不滿職場的前輩什麼都不教。恐怕是從以前到現在（也就是到大學為止）造成許多人難以適應的現象，學生時期即使自己保持沉默，老師也會主動教我們，在寫畢業論文時前輩也會指導我們。然而，自從進入公司結束新人培訓課程後，在接觸實務時無人指導的情況下，因此忽然感到不安，莫非是周遭的人或前輩在故意使壞心眼呢？

說到這是為什麼，就是因為前輩們沒有傳授周遭菜鳥的餘裕。總之，職場上的人們都是希望能透過工作讓自己變得更好。

特別喜歡指導他人，這種精神可嘉的人並不常見。

首先，自己也沒有主動去問人家當然就不會有人來教，也不保證會被正確的指導。職場上被放逐於「看中學」是很常見的，一般來說，會覺得用言語來解釋很麻煩，很多人既不習慣也做不太到。

以厭惡感換取金錢

或許主管都會認為因為自己是一路吃苦過來的，下屬也得跟著吃苦才行。有這種嚴格訓練的想法普遍常見於運動社團中。可能還會被反覆質問「你連這種事都不知道嗎？」「你在大學到底在念什麼書？」等令人感到不愉快的問題。身為上班族多少都有壓力，這時候就有可能會向身邊的人發洩不滿的情緒。

這些事情只能認命地以「這就是工作」來全盤接受。不管如何，工作就是以「厭惡感」來換取金錢的行為，請記住這個基本原則。以「愉悅感」及「快樂感」來換取薪水的職場只有奇蹟發生。請勿抱持這種幻想才有益身心健康。

討厭念書

在本章的最後來聊聊我的故事。

事實上我在就職時幾乎沒有過厭惡的感覺，因此，可以說是前面寫的「奇蹟發生的場所」。在這樣的場合中說不清應該感謝誰比較好，但人生就是不知何時何地奇蹟就會確實發生。

首先，我在大學四年級時開始認真念書，因為之前我太小看念書這件事。我認為記那些東西有什麼用，因此參加大學考試時幾乎沒有好好念書，只在學校上課時念。在家裡什麼都沒做也不去補習班，只在自己房間裡一直做一些手工。只讀自己有興趣的書，社會科的教科書我在家幾乎不曾打開過、文科很不擅長，很多漢字既不會寫也不會讀。所以我很羨慕可以順暢地閱讀教科書的人。

我是靠數學和物理才進入大學的，但大學的課堂和高中的幾乎沒有什麼兩樣，感到很絕望。我總覺得在大學應該能學到更高的學問才對，但若是應付一下還是可以修得學分。我想像如果就這樣畢業，可能就會繼承父親的土木工程公司吧！

攻讀研究所

一切開始反轉是在我大四時，我被分發到研究室開始著手畢業論文的研究，對於念書這件事有了一百八十度的大轉變。研究就是進行調查，並非在哪個圖書館中找資料，而是探究這世上沒有人知道的事情，我終於瞭解這就是研究。原來不是只有背下正確答案來通過考試的「學習」方式。為了找到正確答案，你必須思索探究的方法，於是開始嘗試在計算中立下假設。

我第一次感受到「念書」很有趣。不管怎麼說，為了探究真相而找尋線索等資料，然後去嘗試那些值得一試的方法，以這種角度來檢視，總讓我感到很有趣。

我想著要繼續這種研究，於是忽然決定要繼續念研究所，在我大四的暑假有入學考試，在那之前的好幾個月中是我有生以來最拼命念書的時候。

之後考上研究所，我繼續寫著畢業論文然後進入碩士班念書。為了畢業論文我每天都在進行研究（幾乎沒有教課），我寫了幾篇論文在學會中發表，幸虧有講座教授的指導而受到好評，在我完成碩士班學業後被其他大學聘為助理研究員（現在說的助理教授）。剛好是該大學新設的學科，建築物也很新，老師們都是新上任的，氣氛十分融洽。

成為研究員

「薪水很低喔。」這也是早就被教授提醒過的事。大部分的同學都去清水建設或大成建設等大型總承包商上班。那之後在同學會等場合中聊到薪水時，才知道大家幾乎都是我的一倍以上，那時是泡沫經濟時代。

然而，我從自己的工作中找到了樂趣，找到了價值所以沒有任何不滿的地方。當助理研究員不用自己上課，幾乎可以埋首於自己的研究中。做自己喜歡的工作又可以拿錢，這世上沒有比它更幸福的事了吧！

也是因為時機點恰好，鄰縣新設的建築學科開了研究助理的職缺，這種職缺可遇不可求。我原本就打算繼續攻讀博士班課程，這樣就職後也能在相同環境中作研究，實在是太幸運了。

人生的全盛時期

如前所述，當時的日子過得很苦，但對我而言那是人生中的全盛時期，每天去大學上班，只需要不斷思考即可。當時正是電腦開始普及化的時期，幾乎都坐在電腦螢幕面前寫程式（我的研究主題為數值分析方法相關）。除此之外，我在實驗室中製作實驗模型，進行測量。由於是基於理論基礎的研究，為了進行此實證有必要做實驗。

這時候的研究讓我順利取得博士學位，被畢業的大學召回去，我在那裡任職了兩年助理研究員後升任為助理教授（現在的副教授），是工學院最年輕的教職員。

不過，我升任為助理教授這件事沒有對家人說，也沒有告訴妻子。我覺得那沒有什麼大不了的，也不覺得高興。對於升職的價值觀也許不太正常，但我認為可以當自由研究的助理研究員比較適合自己。

助理教授是僅次於教授的職位，擁有自己的研究室。除了人事權以外幾乎與教授擁有相同待遇，研究經費也相同。我的父母對於我升任助理教授這件事很開心。我想著「原來如此阿！」原來這就是社會。

成為助理教授後的體會

當上助理教授後開始正式講課，也必須出席各種委員會。還有學會的活動也是，有很多常規必須遵守，變得很忙，可以自己做研究的時間大幅減少。

當時我拿到比助理研究員多一倍以上的薪水（即使如此，薪水還是比在總承包商上班的同學少很多）。總算脫離貧困，那時孩子還在上小學，學費還很少。我想著如果這樣安然度日，總有一天能成為教授，而大學退休是六十三歲，還有三十年左右。

另一方面，同學們也改投以不同的目光，比較常聽到他們說：「大學真好」。那時剛好開始有點不景氣，我完全不知道這些社會情勢，因為我不看電視和報紙，當時的我唯一考慮的只有研究。

我的同學們會這樣說是有理由的。因為會出席學會的委員會，是由各個總承包商的研究中心的所長和主任研究員這些厲害職位的人一起出席。而大學的教授是站在統整他們的立場上，大部分是委員長。這就是官比民還要崇高的上下關係，國立大學還是比民間企業地位來得高。這也許不能代表什麼，但這種習慣也的確是一種傳統。

成為大學的教職員，即使是助理研究員也被稱作老師，企業的人們會對社長加以尊稱，而總承包商研究中心的人為了要當所長需要有博士學位才行，因此會有社會人士再回去研究所讀書。這樣一來，我就會指導比自己還大上二十歲的學生。

工作效率低落

像這樣的社會地位對我而言是無所謂，工作不能決定人們存在的價值。職業本身無貴賤，不過更不可思議的是，這句話很多人不知道呢。

在我當上助理教授後，第一次開始感到「這就是社會現實面」或是「我真的在勞動」，在那之前我完全沒有把工作當作勞動，工作是我本身的一個興趣而已。

也許是年紀的關係，也有稍微覺得疲憊的時候。總之，無法進行我想要的研究，在無聊的會議中浪費時間感到痛苦。出差的機會也增加了，每週要去東京一到二趟，只為了出席二小時左右的會議。我在往返途中一直在想著研究，也漸漸感到自己很蠢。

當我發現「原來這就是勞動啊！」的同時也注意到了其他事，因為感到開心才能持續工作下去，但勞動的效率不高。不管怎麼說，因為太忙連做自己喜歡的工作的空檔也沒有。

事情發展到這種地步，我開始想要作價值的轉換。

首先我想到的是，是否有比較高效率的工作呢？活到目前為止，我對於如何賺錢幾乎沒什麼興趣，現在想動點頭腦，嘗試自己能做的工作，因為我沒有做過其他工作，所以值得試看看。

為了實現想做的事情

雖說如此，也無法縮減當下的工作量，睡眠時間漸漸被剝奪。但我覺得必須趁現在努力增加收入，要不然會擔心將來沒錢玩樂。

我想要做的事其實相當有限。為了實現那些事，只有花費時間或金錢才行。光是投入工作，時間都沒了。不過若有賺錢，就不需要花費太多時間，這樣應該能得到更多東西。

正當我想自己一項接著一項花時間全部嘗試看看，卻發現沒有這樣的空閒，也來不及。因此，我只好轉換方向，靠打工賺錢來買自己想要的東西。

我最想買的東西就是土地。我想要的土地，是寬敞且無傾斜面的平整地面。我想在那裡鋪設鐵路，讓我做的蒸汽火車在上面繞著轉，這是從年輕就有的計畫，總想著有天必須要實現它，但當我到三十歲後半時，開始感到有點焦慮。

如果越往鄉下，土地會越來越便宜，只是缺點就是太遠又非常花時間，考量到當時大學的工作忙碌會過於勉強。加上我週六日也幾乎無法休息。如果埋首於自己喜歡的研究是一點也不痛苦，但我真的無法忍受要一直在無聊的會議中浪費時間。我開始想著自己可能沒辦法在這份工作做到退休。

既不留戀工作，也沒有憧憬

在這樣的狀況下我開始寫起小說，想著只要能賺到一千萬日圓，就能在車程一小時左右的地方買下寬敞的土地，或是也可以在更近一點的地方租地等等，只是作一些模糊的想像而已。

其實我並不是想當大學老師的人。從小時候開始，常想著我最不想當的就是學校老師。我根本就不喜歡教人，因為總覺得端正地教導他人的模樣和自己並不搭。

就大學教職員的立場來看，我完全沒有留戀，單就因為研究有趣這點，還是湊和湊和著繼續下去。我想這和一般人認定的價值觀是不同的。當我說要辭去大學教職員時周遭的人們都很驚訝，任誰都無法想到我會這樣做。

同樣地，我從未對作家身分有所憧憬。總之，我在學生時代國文成績是最差的，也沒有好好閱讀文章。我只是為了實踐目的而制定策略加以實行，作家是其中一個出路，那也只是湊巧而已。

我當時想著作家是在家裡也能做，只要有電腦就能做的工作。決心要做這件事的隔天我就已經開始著手寫小說了。我將睡眠時間減半並持續每日寫作，一週過後，小說完成了。

當時，我的處女作就這樣寄給了講談社。

不把興趣當工作

當然，我沒有預想會那麼順利。原本想說就算失敗也要再繼續寫個十本左右，若這樣還是不行的話接下來就寫散文，或是放棄出版改成在網路上發表，另闢一個線上空間以聚集讀者。

我原本就擅長畫畫，大學時曾畫過漫畫，也被問過要不要把漫畫當作工作，然而這完全不能變成一個備案。因為我有遠視，從年輕時拿筆畫畫，眼睛就會非常疲勞又痛苦。不過也許只要戴眼鏡就能解決，所以最近我試著戴老花眼鏡，眼睛變得很放鬆，不知道是不是因為我有老花眼，還是從年輕時遠視的關係所致。

我對電腦程式很有自信，也曾想過在這方面能夠賺錢。然而，當時的IT產業開始興盛時，大部分的年輕人多以此為目標，我想身為三十世代的中年人身分投身於此業界應該沒有勝算。

工作基本上並不是做自己喜歡的工作。「只要做出好東西就能大賣」這是個謊言。我們只能優先做買方想要的、做社會所要求的東西。

對於買方而言有價值的東西，也就是說能發掘到需求而加以投入的，能成為好商品。

還有，工作的能力非關自己的喜好和厭惡，而是自己比他人更優秀才有價值，大部分的人好像都弄錯了。

確實，也許人們對於喜好的事情比較擅長，但就我的觀察，是有不少出入。因為喜歡所以認為擅長只是個人的執念，應該說大部分人都沒有客觀地檢視自己。自己究竟適不適合那份工作，不能以自身的滿意度來加以衡量。若只作那樣主觀性思考的人，有必要多問問別人的意見後再作調整。

不瞭解自己的人們

有好幾次學生們來跟我聊自己未來的工作志向，但我怎麼看也覺得他們不太適合那工作。但我不會表達自己的意見，若硬要問我的話，會說我大概是這麼想，但一般他們都是固執己見的。如我所預期，有可能過了一、二年就辭職，接著到大學找老師討論希望能介紹工作。這時我也不會說：「我不是說過了嗎？」這種話。因為一開始的我也沒有好好地作出明確的忠告，談及說中自己的預測也是沒有意義的。

即使是畢業於大學理工科系，能在一流企業就職的菁英也是，因為沒能仔細檢視自身而造成的錯誤，正因為對象是自己，才無法冷靜地審視。

從這種經驗來看，我養成了習慣，發現自己有相同失誤時會立即矯正。總之，不該被自身的情感、自身的信念和自身的習慣而困住是很重要的。我總是這樣自問自己：「為什麼我會這樣想呢？」要對自己的判斷抱持懷疑。

為未來打算訂定策略

在所有增加收入的方法當中，最有效率且有利的就是工作。儘可能趁年輕時多投入其中。如此一來提升效率，比起其他任何方法更能確實增加收入。失敗機率低，也就是說安全又有保障是工作的特性。

如果還有餘裕的話，要多花時間投入能提升自我價值的事情。沒有必要花錢，只要買本書就能作充足的自我投資了。完全沒有必要去參加講座和上課，若你是會找藉口說「如果不花錢就不會認真學習」的人，將來無論做什麼都一樣吧！

即使工作很順利，也應該要經常為未來打算，事前可以尋求對策。我認為預先悲觀地思考和留下備胎方案是很重要的。

為了賺錢而耗費精力和時間，想當然，收入不會減少，甚至這是一種助力。收入成長越多，你獲取快樂的可能性也越來越大，只要不時想到就已值回票價。若能順利進行，金源將會朝著同一方向滾滾而來。只要計畫快樂的事，就能聚集更多快樂過來！

這一切都是為了能有意義地支出金錢。為此也有必要先增加收入。依人而定，金額多寡也各有不同。必須好好檢視自身的欲望，請勿誤判。

04
沒有錢所以辦不到？

世上有人把「沒有錢」當作藉口，
那幾乎等同於「沒有希望」。

「沒有錢」是什麼意思呢？

「就算我想做，但因為沒錢所以辦不到。」這句話我想誰應該都有聽過幾次吧！也許是自己曾經講過的話，那麼這究竟是什麼意思呢？這是本章要來探討的主題。

也許有人會說這種事不用想也知道，大部分的人都沒有對這句話的意義作過深入探討。然而我認為正因為停止了思考，造成了更大的問題。或者可以說：曾說過這句話的人，他的人生出現了障礙。我想就算這樣說也不會太超過。

首先，「沒有錢」這句話似乎是指自己現在手邊的現金不夠這件事，或是指對於目標物因為錢不夠無法入手。

我買了保持捷的時候，的確有很多人會跟我說「有錢真好」，但說這些話的人其實他們都有錢。

人們總是選擇滿足欲望的道路

那麼為什麼一般人不去買保持捷呢？當然首先第一個理由是沒有那麼想要吧！我是因為想要而買的。總之，兩者的差別很大。

還有，如果買了保持捷就不能買遊戲機、沒錢和朋友去喝酒，房租也付不起等，有可能衍生出很多現實面的問題，一旦出現想法就會自我判斷買不起。實際上即使說「很喜歡保時捷，超想要」的人們，不買也是因為上述這些判斷。不過簡言之就是「沒有那麼想要」的意思。

基於這樣的想法來看，一句以「因為沒有錢」這種不著邊際的理由來應付（在某種意義上是迂回說法），就是人們所謂的「個人因素」。其結果等同於因為「不想買保持捷」所以不買。

這是在客觀地觀察人們行動時的首要原則，也就是說人們常會採取可以滿足自我欲望的行動。

誰都會想按照自己想要的方式生活。乍看之下會有不滿且感到拘束，而通常本人也有自覺，但就旁人眼裡來看，每個人都在做自己最想做的事。

社會是由「理性」構成的

不過少數聰明人會想像自己的未來，有著為此繞些遠路的能耐，我把此稱為「忍耐」。另一方面，沒有那麼聰明的人因為無法忍耐，經常選擇當下能夠做到而且最想做的事。如此一來錢花光了，或者可能捲入犯罪，很有可能造成損失慘重的結果，所謂的社會體制就是為了這些犯罪而存在的。

社會的體制一言以蔽之就是以「合理」所建構而成，透過協議，規定了不能做的事且具有管束的權力。像是怎樣的情況是好的呢？怎樣的情況是不對的呢？這些事並非依據個人的喜好，而是由人人遵守，人人都考慮到的道理構建而成。不能奪取他人的物品、不能為他人帶來困擾，從訂定這種基本條例和詳細規則，以構築出大家都能輕鬆生存下去的社會體制，就是這樣而已。

雖然說可以選擇自己想做的事，但也無法做出違反法規的事，為什麼呢？若做了會有罰則科處，會被奪去自由付出代價，如果將得失放在天秤兩端衡量看看，不會覺得自己是得利。也就是說因為沒有好處，所以能引導人們作出「不想做到這種地步」的判斷。

這和昂貴的保持捷也是一樣的道理。所謂高價也是一種懲罰，將價格制訂在非得支付那樣高昂的金額否則就買不到的數字。如果你想買保持捷，那就必須足夠喜愛才能跨越這個門檻！

你是被誰支配的呢？

若有這樣的想法，誰都想做自己想做的事，入手自己想要的東西吧！

事實上並非如此，對於無法做自己想做的事而感到不滿的人，恐怕正被他人所支配著吧！而支配者正是那些周遭的人們。

我外出遊玩最常聽到人們講的就是：「哇！你太太允許你這樣呀！」，「你家人也很支持你呢！」諸如此類的話。

不過我每次都搖著頭，不記得什麼時候請求過太太的允許，更不是得到家人的支持才做，我沒有受到那些支配，在我們森家沒有採行許可制。

政治人物常常會說：「希望能得到國民的支持，我會作詳細的說明。」家庭也和國家一樣，不少人家裡都採用合議制吧！不過，與政治人物的產生不同，一家之主不須經過家人的票選吧！

做一件任性妄為的事或許會被家人反對，恐怕就是因為連這種小衝突都不被允許，才克制不做吧！所以才會有人這樣問我。的確，維持家族關係是有點辛苦的事。

為什麼得到家人的支持是必要的呢？

即使是一家之主，收入也是屬於家庭的，至少夫婦之間必須平等劃分，財產就是這樣被規定的。例如離婚的情況，在原則上有義務必須劃分一半結婚期間的所得支付給對方，反之，對方也有提出這種訴求的權利。

如果情況是建立在主張自己是賺錢的主力，未經允許因而任意揮霍，也不管是否超出預算，所以才自我約束中，這樣的確無法獲得「家人的支持」。不過，如果從一開始財產各自分開，在尊重彼此的自由下建立家庭的話，也不會造成這樣的結果。但事到如今還有談支持的必要嗎？

可以想像這個「家人的支持」恐怕是從以前的「親戚的支持」、「聚落的支持」等流傳下來的吧！在過去的貧困時代中，要有這種群體彼此互相幫助才能生存下去。會有很多人監視著，為了阻止人們任性妄為，若做了任性的事的話就會遭到「村八分[1]」的對待，會被排擠，類似今日「霸凌」的處罰。

在這樣的情況下，人們會把這種疏離感作為壞處，並在內心將這樣的壞處和自己的意願放在天秤兩端進行判斷。而非等到被排擠才尋求支持，內心會先啟動機制對不被認同的行為踩煞車。

限制個人精神上的束縛

現代社會中，像這樣的連帶關係事實上並不常見。由於個人自由受到法律的保障，如果無法得到他人的認同就無法擁有個人偏好，在這種情況下的任何限制或束縛都是違法的，

1　村八分是日本傳統中對於村落中破壞成規和秩序者進行消極制裁行為的俗稱。

若進入司法程序會打贏官司。

不過，精神上的連帶感，即使是現代仍在嚴格地拘束他人，也就是所謂的「羈絆」。換另個說法可稱作「累贅」，因為不想要破壞人際關係忍耐不去做自己喜愛的事，這種「會看人臉色」的表現只會累積壓力吧！我只能給予同情。

並不是說要完全無視這種人際關係儘管自由行動即可。如果有真的想做、想要的東西，在這種時候有必要慎重地說明，到底是有多想做和有多想要呢？有時代價可能是需要些犧牲換得的。

為了得到周遭人們的支持

投入時間這件事很重要。只是因為一時興起忽然很想要做什麼，對方應該也不會認可。會想「那是一時興起的念頭吧！肯定沒多久就冷卻了。」因此要先投注時間，不能急躁必須慢慢解釋。例如，最初為了買蒸汽火車的組裝套件時，我每個月存下五百日圓持續了超過兩年，經過這樣（可以說是實證演練）的行動和時間，才能真的表達我的決心。

我想很多人一開始會被否定吧！不過請不要放棄，一而再再而三地解釋吧！如果和另一半是因為真心羈絆而結合的話，一定可以瞭解到你的熱忱。讓對方看到你的誠意是最重要的。為了維護人際關係，能自由地採取行動，必須先下這些苦工才行吧！想要的東西很重要，但人際關係也是有價值的，為了讓魚與熊掌兼得，首先必須犧牲時間的道理。

為了取得這樣的認同而持續說明的同時也必須存錢。可以嘗試從其他地方籌措也很好，但若金額太大不能調度這也很常見。

為了達成目的之必要犧牲

如題，這和增加金錢有些許不同。「儲蓄」是盡力不把錢花完的意思，增加收入是直接解決問題的方法，如果只是維持現狀的生活仍會有些困難（我選擇的方式就是這種）。

如果已經決定有多少零用錢的話，當然要全部存起來吧！想吃的東西必須忍耐、與他人的來往也必須全部斷絕，這是理所當然的。如果辦不到這些事情的話，那麼也可以不要做，放棄夢想會更輕鬆。這就代表存錢想達成夢想的「欲望」不高，因為不願意犧牲眼前的美食和交際娛樂。

舉例而言，不吃中餐也不會死（原本我一天也只吃一餐），不過，對於吃東西是個樂趣的人來說貫徹這種人生觀也無妨。但如果無論如何都想實現某件事的話，也得有某種程度的犧牲，不應該只專注於眼前的享樂吧！

還有，在其他方面也有很多必須刪減。聽過很多人分享自己的故事，經歷了多少的辛苦才能實現自己想做的事，我不認為這世上有分做得到和做不到這二種人，而是取決於想達成心願的強烈程度到哪吧！

此外，要縮減的不只是金錢，時間和體力也是相同道理，為了達成目的，在某種程度上必須保持全神貫注的狀態。為了賺錢，可以再做其他兼差，或是自己動手做出與外面販售相同的物品，也有這種方式。

考量到各種方法，要儘可能嘗試各種可能。如果是真的想做、想要的話，去考量、去嘗試各種方法的階段也是一種樂趣，應該不會感到痛苦。

想以沒有錢當作藉口的人

依上述思維邏輯來看的話，「沒有錢所以辦不到」這件事我想只能把它理解成「似乎是藉口」的台詞。這種裝作若無其事地說的話，聽到的人只要把它想成「就是不想做而已啦！」就好了。

如果我正操控模型飛機，或是開著可以載人的大型模型蒸汽火車時，孩子們往往會先湊熱鬧，但不說話，只會眼睛閃閃發光地盯著看。童年時的我就是這樣，附近空地會有操作模型飛機的大人，我一聽到聲音就會跑去看。那個人什麼話也不說，我也不會跟他聊天，只是在旁邊靜靜地觀察他在做什麼，是怎麼讓它飛起來的。對方大概也覺得如果有問題就會問吧，從來沒有被說過在旁邊很礙眼這樣的話。相反地，他們（操縱者）好像覺得我這樣很危險，希望我能靠他們近一點。

在這樣的場合，大人們似乎不會像孩子一樣沉默地看著，他們大概都會問：「這個大約多少錢？」、「可以飛多遠？」，或是「速度有多快？」等，提出像笨蛋一樣的面試問題，最後以「真是個好興趣呢！」這樣友善的說辭結束對話。

而問到價格的則是有點興趣的人，想知道「自己為什麼無法做這件事的理由」。因此在不知不覺中提出這樣的問題。就現實來看，如果是立刻想玩的人就不會聊到錢的事，而是會進一步詢問更專業的問題。

真正的興趣是不會邀請朋友一起玩的

我想，想做的人已經開始行動了。現在不行動的大人，等同於不想做而已。身為成年人，應該是不想被誰支配的自由人士。因為深諳此點，絕不會想要增加同好者，也不會作出「一起來玩這個吧！」的邀請。

邀約的主題大多像是一些簡單的運動及對生活有幫助的料理、裁縫等。是因為想著多點夥伴會比較有趣吧！這樣的人是因為有同伴在才會感到開心，對於興趣本身沒有那麼放在心上。因此被別人邀請才會開始投入有興趣的活動，若和同伴吵架就會輕易放棄。

特別的樂趣在細節上會更繁複，因此向外行人說明也覺得麻煩，一個人就能充分享受的樂趣是不會想找其他人聊，或是邀請別人。如果邀請了就不得不進行指導，擔心這樣一來自己享樂的時間會變少。

「因為沒有錢的關係」這句話其實很失禮

我玩遙控飛機或鐵道模型幾乎沒有同好，也不太與人交流。雖然因此認識了幾個人，但一年頂多互通個一到兩次的電子郵件，沒有實際見過面。因為沒有這個需要，我們清楚真正的樂趣在哪，所以彼此都保持適當的距離。

說這種特別的興趣是有錢人在玩的話，並不是事實，大家都會交流但不會聊到錢的事。擁有比較昂貴的模型也不會覺得驕傲，不會買那種模型的人也可以找到享受這種樂趣的方式，與充實自己心靈毫無相關。誰都知道滿足感與金錢是不成比例的。

順便一提，希望大家能注意到這裡說的「沒有錢所以辦不到」是因為誤解了「有錢就做得到」。其實錢買不到很多東西，不管是獲得的知識或是投入的時間，都是樂在其中才能完成的體驗。若將這些東西全部都總結一句「多少錢可以買到？」是很沒禮貌的。

買不到夢想的人們

同樣，應該有很多人夢想著有錢也買不到的東西吧！

我並沒有那樣的夢想，但也有人一直抱著「想當小說家」的夢想。然而這種情況不是存錢就能實現的夢想，那是為什麼呢？

那是因為那個人想獲得的是必須經由他人認可，既不能作為自己的所有物也無法用錢來買下。為了達成目的，金錢卻是無能為力，唯一的花錢方法大概就是去上寫作課。就算買了高價的電腦，買了高級的椅子也沒辦法離當小說家近一點吧！

像是變成名人、變成偶像、想要很棒的戀愛對象，或是想和家人在大草原上的小屋中和睦地生活等，這些都可以說是夢想。

這些東西是金錢買不到的，因為這原本就需要他人的介入。在現代社會中的人們無法從物理上來支配他人，頂多只能支配寵物，即使是自己的孩子也無法按自己的意識來操控。如果抱有支配他人的期望時，我想若能稍作修正會比較好。

可以嘗試耐心地說服對方，或是強化自身的獨特魅力來吸引社會大眾等方法。然而在這些方法中金錢幫不了太大的忙。

不將夢想依附於他人

如果自己的願望包括了與他人的關連性和他人的評價，從這點來看根本上是很難做到的。不過，由這個動機作為起點反覆磨練自己，也是會有少數能達成目標的成功案例。

例如，想在一項競爭中勝出，或是想在生意中成功，這並非不可能。就像想成為總統一樣，當然也不是不可能，如果是孩子們有這樣的夢想，那無法評論什麼，但如果是出自於一位不錯的成年人認真說出口的話，就有可能會被他人指出：「那你現在離目標大概準備到多少的程度？」

要完全達成目標是很困難的，然而在接近目標的過程中價值會被認可，而且能得到滿足感是事實。雖然從概率上看大多數人多少會感到挫折。例如許願想跟某個偶像結婚，但是有相同願望的情敵也很多吧！若對這種願望過於熱衷的話，就會變成一種犯罪行為。

當自己的夢想包括他人在內時，那要完成夢想的基本條件就在於能尊重他人，做為實踐夢想的出發點，至少必須先取得他人的同意。假設取得了同意，但那個人也是會有改變主意的情形發生，這時的你沒有權利抱怨。對此，希望讀者不要搞錯狀況。就像孩子們也會成長一樣，不管是什麼樣的大人也無法永遠保持同樣的想法。如果說出：「不是約定好了嗎？」這樣帶著憤恨的氣話是無用的。這就是把夢想依存於他人，嘗到人心變幻莫測的苦頭，既然經歷過了就好好放手。

在此，建議你儘可能將自己的人生目標設定在不需要依附他人。或許這對多數人來說相當困難，但我想這才是真正的夢想吧。

若想要被人們讚美、想要人們對自己很和善，建議可以雇用演員來配合演出這樣的情況（實際上這樣的生意至今仍不勝枚舉）。若是想買機器人或是想在虛擬實境中實現的話，我想是一種很棒的樂趣。

知道自己想要什麼的好處

身為人的樂趣在於最終得到自我滿足，將自己導向自我滿足的狀況是人生的目的，也就是「成功」這件事。為此，金錢可以說是相當可靠的工具，這世上無處不在利用金錢。

世上有人把「沒有錢」當作藉口，那幾乎等同於「沒有希望」。只是不是因為沒有錢而沒有願望，是因為沒有願望所以沒有錢。

如果你能確實掌握自己想要的東西，那就會想盡辦法去實現它，不做無謂的花費，因此自然而然地小有積蓄。如果你沒有想要的東西，那便會輕易出手購買不怎麼想要的東西，因此容易流失金錢。

不只金錢，時間也是如此。那些清楚知道想做什麼事的人，擅於掌控並能有效利用時間；那些不清楚想做什麼事的人，只會虛度光陰，不覺得時間很重要。

世上沒有「因為沒有時間所以做不到」的事。人人一天都只有二十四小時，時間對所有人來說都是平等的。時間就是「機會」也是一種機遇，如果可以好好把握，那麼今後將會被導向更大的「機遇」。

同樣的，投注自己的錢在真正想要的東西、真正想做的事，我相信這樣一來肯定能與更大的機遇相遇吧！

05
我的「價值」哲學

將眼光放遠點來看，
買東西可以說是投資自己的藍圖。

看起來很了不起的人，其實沒什麼了不起

有錢人一般被認為是貪心的人，在連續劇登場的有錢人角色大多這樣描繪。很多人會想著「不想變成這樣的人」。但編劇創造出乖僻性格的角色，恐怕是為了刺激觀眾引發共鳴的老套手段。這種感覺有點過時，現在也比較少有這樣的戲劇。

就我所知的範圍內，很多有錢人其實都過著相當樸實的生活。無一例外地都是好人、溫柔、細心體貼的人，誠實為人又很嚴謹認真。我想所以這樣的人才會變成有錢人啊！

很多有錢人正直又謙虛，也就是不擺架子。他們很謙卑也不想要那些被人看得起的欲望，沒有必要虛榮或說謊，真正偉大的人不會說大話。

想要被看得起的人其實並沒有像他希望的那麼好，反而感覺有點自卑。因為自卑感會想要抬頭挺胸不想被人們看輕，我分析那就是為什麼他們看起來態度很自傲的原因。

被看得起有什麼好處呢？

再者，從工作上來看，如果任職於能影響社會大眾的職位，會以為自己很了不起。其實這只是錯覺，能客觀看待現實的聰明人不會有這種想法。

在別人眼裡的看法並不影響自己。就算被看得起有任何好處嗎？有什麼利益嗎？如果是人氣很旺的生意多少還有利可圖，若是政治家的話也應該會有不少利益。那些必須在大眾面前展現自己良好形象的人，稱為藝人，藉由演戲來偽裝自己是他們的工作範圍。

作家本身也就是一種有人氣的生意模式，受到人們尊重對自己而言也是有利的。不過，應該很少人會因為「這個人是好人所以我要買他的書」，更何況原本會買書的人占極少數。我是什麼都誠實寫下的人，相對於其他只會做表面功夫、講好聽話的人，像我這樣坦誠的言詞相當引人注目。之所以能成為最佳暢銷書也都是因為會說漂亮話，但那不是我想要追求的領域。

追求興趣，也可以成為有錢人

有錢人的貪念這件事，在某種意義上不是貪財，而是對自己想要的東西、想做的事都有貪念，也可以說這就是變成有錢人的原動力。

「見錢眼開」這樣的話經常用到，最近也許不常聽到這樣的說詞，但以前身邊經常聽到這種說法（好像是出自於《金色夜叉》[1]吧？）。這個「見錢眼開」是指從暗處的人努力走向光明時會發生的狀況。也就是說平常看不到錢的人一看到錢就會受到誘惑而暈頭轉向。有錢人應該不會見錢眼開，誤解這種狀況的人非常多。被錢迷昏頭進而犯罪導致誤入歧途，這是沒錢的人才會這樣。

有錢人常會尋找自己想要的東西，也會不時留意相關資訊。經常收集也會增進這方面敏銳度。不以賺錢為樂趣，而是為了尋找有趣的事物，讓賺錢的靈感油然而生，也就是所

1 《金色夜叉》是一本小說，為日本明治時代作家尾崎紅葉代表作品。一八九七年至一九〇二年連載於《讀賣新聞》。故事背景反映當時資本主義至上的社會風氣。而「金色夜叉」另有「金錢奴隸」之意，指被金錢所操控。

謂的好奇心旺盛，能比一般人吸取更多的資訊。不過因為想要提早取得資訊的心態，讓這成為了可以增加財富的訣竅。

在追求自己喜愛的事物當中，不知不覺中變成可以賺錢的工作，這種案例相當多。

做著不感興趣的工作

有錢人共同的傾向是勤奮和認真，這也和自己的興趣相關，態度積極且無法托付他人完成，如果可以的話都想要自己來做。也因為親力親為而能發現一些細微的事項，這種態度也能活用在工作上。

我對作家這個職業幾乎是沒有興趣的，不喜歡也不擅長寫文章，然而我每天為了研究和手作相關的興趣，花費了大把時間在網站搜尋和閱讀書籍等等，因此從中獲得了很多能應用於作家工作的資訊。雖然我是不讀小說的人，但感覺小說以外的事物更能運用在小說素材上。

有人指出，如果一直只看小說，有可能寫不出新型態的小說。因為喜歡這件事也許真的能成為工作的原動力，但有時會成為負面影響的主因。不過如果我很喜歡看小說，應該會成為更暢銷的小說家吧！（個人自評：我雖然不喜歡成為人氣作家，但能到這種程度也是不錯）

入手反而增值？

減少（或支出）金錢的王道，是入手想要的東西，實現想做的事，但是想要的東西和想做的事有時候不只是單純的消費，這點是它的特色。

被動接受著享樂是很輕鬆的，不需要準備也不用花心思和歷經辛苦，享受這令人心醉神迷的時間。聽聽音樂、看看戲劇，觀看運動比賽等，追究到底就是簡單的「消費」這件事，會覺得開心，而且說不定還會交到朋友，沉浸於這樣的交流也是一種樂趣，不過時間一過，就什麼都沒有了。

讓我們稍微深入一些，達到「探究」或是「研究」這樣的境界，這時的討論就完全不同了。不只是單純的消費，要說哪裡不同？那就是自己可以得到一些知識、可以發現一些新事物，也就是能提升自我能力，得到成長的效果。

也許聽起來像宅男一樣，但我想推薦讀者去提升自我價值。這種「探究」或「研究」水準越高，回報也會越多，不但確實，更能享受到樂趣，也有能加速提升自我價值的傾向。

只要努力就能創造價值

有時候價值會轉化成回饋金，隨著所處的水平越高，越會被周遭的人所托付，希望能給予指導，也許可以將那個領域寫成書。在現今的網路時代中，在某個領域變得有名，可能會有預想不到的好工作從天而降。

以我來說，雖然不是很好的例子，但也有這種事情會發生。

我有一個夢，就是鋪設一條長長的鐵路，讓自己組裝的蒸汽火車在軌道上奔馳，然後一邊兼差做著作家這份工作。結果算是出乎我意料之外地順利，而我也出版了庭園鐵道的相關書籍，對出版社來說，小說的粉絲也有想知道作家真面目的需求。

關於我的庭園鐵道書，幾乎是依據我在網路部落格公開發布過的照片和一些報告直接出版成冊。至今合計有五本，從沒想過這類書籍也可以賣得好。我想大家都是這麼想吧！連我也覺得應該不會有銷路，但是總計共賣出了五萬冊以上，這些版稅將近一千萬日圓，我從沒想過這種少數人才有的興趣，竟然能變成一種賺錢來源，這是以前完全無法想像的。

至今日本從來沒有過解說庭園鐵道這類的書（英國及美國有很多），算是很新穎。其實願意付諸行動實行這類興趣的人很少，但想做的人應該不少吧（我想共有幾千人）！會買我的書通常不是小說的粉絲，就是這類少數興趣的人們。

活用自己的最愛

還有，我很喜歡模型飛機，然而寫小說這件事和飛機是毫無關聯。不過，當時某位編輯考慮到我可以寫關於飛機的故事，因此委託我寫飛機相關的小說。

像這樣「喜愛就寫吧！」的發想對我來說完全無法理解。一般而言，喜歡小說的人才會去寫小說，這是有所關聯的。但是以飛機題材撰寫一本小說這件事，我想都沒想過，就算自己再怎麼喜歡，但要把飛機寫進小說，我只能驚訝地想這哪裡有趣呢？不過，因為已經被托付這項任務，只能好好接下試著寫寫看。

那時候我認為反正不會有銷路，若是我絕對不會看這種小說，一定不會大賣。即便如此，結果還是比我預期的好，出版社也委託我寫續集。

原本想說只會寫一本吧！所以當時我為故事寫了最後一個插曲，導致續集不得不往前篇之前續寫，追溯到了故事的過去。結果最後出了四集，再加上也出了短篇小說集，這系列一共出了六本書。

後來，這個作品由押井守導演拍成動畫電影，我完全沒參與製作過程，但當然還是有拿到原作授權費用。之後在電視上播放、製作成DVD、推出周邊商品，也在海外販售，每次都有收到版稅費用。

不管怎麼說，原本賣不好的六本系列小說，受到電影的影響而大賣，那些版稅費用已超過一億日圓，到現在為止仍持續進帳中。

大家都對自己喜好的事物很博學

當記者採訪時問到：「您非常瞭解飛機，請問您的小說從中獲得多少題材呢？」其實無論我寫小說或散文（現在寫的新書也一樣）完全沒有過現場採訪、取材的經驗，也從未調查過，都是磨磨蹭蹭、拖拖拉拉地寫出我想到的事。

不過我的確從年輕就開始製作模型飛機來玩，我做了上百台模型飛機，也有自己設計製作的，我當然清楚實際能航行的飛機有什麼構造，幫助我在撰寫故事時容易構思。

還有我在大學研究的是流體力學理論分析方法。力學是門專業學問，我會在腦中模擬物體上會施加多少力、會如何運動等實驗。

像這樣的知識在寫小說時多半可以加以活用。譬如飛機起飛時的場景，少有人能近距離觀察，因此一般難以想像。而我以自身知識和體驗為基礎來創作小說及散文，也可以說是把自我價值轉化並應用於出版的一門生意吧！

像這樣拿出來炫耀，變成賺錢手段其實並不怎麼體面，老實說是有些不好意思。不過如果羞恥能換取金錢的話，可以考慮試看看這門生意。

價值從內在培育

到這裡為止，我們使用「價值」這個詞，解釋了想要的事物是可以產生個人價值。所謂的價值，不是指想要的物品或想做的事本身，而是指行為，是指正在做著這件事時的自己所產生的價值，這樣的解釋比較恰當。同時，也能提升自我、放大價值。

以電腦這個工具來舉例吧！

在我學生時期，電腦是大型建築物內才有的配備，譬如電腦中心的大樓。不過，到了研究生時期，市面上就開始販售數萬元以上的個人電腦。雖然我很想擁有一台，但要能得心應手地使用電腦需要具備相當的知識，而且也需要花時間學習。因此我仍猶豫著是否該花費十萬以上日圓購買。

我研究所畢業後同時就職並結婚，那時研究室裡的老師和同事集資送了一台電腦作為結婚禮物，我記得那時要價約十二萬日圓。

也就是說那不是我買的，剛好那時結婚後要搬到遠一點的地方，為了自己的興趣我一直忍耐著不買電腦，被前輩們發現了這種狀況，所以當作結婚禮物送給我。

那之後我深陷於電腦的世界裡，職場上也引進電腦設備，第一年幾乎每天都在做程式，終日與電腦為伍。之後開始著手於分析性研究，也幫助我取得博士學位，再加上習慣用鍵盤打字後，消除了過去很討厭、不擅長作文的心理意識。正是因為家裡有了電腦，讓我想試著寫小說。

購物也是一種投資

雖然第一台電腦不是我花錢買的，但好幾年後，我從自己的興趣預算中買了更高規格的電腦。除了遊戲，所有應用程式都可以自己製作。現在則使用 Illustrator 軟體來製圖以及利用 EXCEL 製作表單。應用程式一開始都很昂貴，但是能享受製作和程式設計的樂趣。而且在這過程中培養編寫程式的能力，大大提升了我的個人價值！最初購買的電腦約數十萬日圓，但那之後加倍甚至百倍以上的賺回了不少好處。

將眼光放遠一點來看，買東西可以說是投資自己的藍圖。不僅是單純的消費，而是具有發展性的價值。

用這種投資觀點來買東西的人其實沒有那麼多，從父母角度來看，對於孩子也是抱有相似的厚望吧！普遍父母的期望都是希望孩子藉由自己的付出獲得成長。估計有此計畫的父母們會因此增加額外開銷吧！就像母親為我買了斜口鉗一樣。

放眼展望未來性

不過，對自己來說，比起像這樣的「成長」與「未來」，往往只看得見眼前的利益吧！腦中只想著「買了這個，那傢伙肯定會羨慕」。若是年輕人，或許更願意為有前景的事物上花錢。不對，應該說中年人和老年人也一樣！如果能橫跨時間幅度，以長遠來看，中老年人最後還是能找到有效使用金錢的方法。

我想有錢人就是篤信「利益至上」的人吧！他們對於金錢的消費方式相當侷限，極端的認為只能這樣消費，然而對他們來說，眼前的奢侈是最應該回避的。

說到未來發展性，像樂透這樣的賭博性質就不適用，賭博本就不是件提升自我價值的事。若是賽馬，也許能將預測的專業知識累積起來。（但應該趨近於零吧，不曉得賽馬預測專家這行業的收入有多高，全憑想像）

像這樣預見未來性而進行購買者，就某種意義來說是「唯利是圖」。比起這個，也有人認為出手大方的江戶子[2]和自己的氣質更搭吧！我不會說有錢就是正義，貧窮是個錯誤。人們各自走向符合自己的理想，過著與自己嗜好相符的人生才是一種幸福。將自己的想法變成現實，這就叫作實現自由。

淨是想買也買不起的東西

雖然我說想買就買，但想要的東西如果沒有賣的話也買不到，這就是現今社會的體制，只能買到有在賣的東西。不因有權而強買強賣，這和無法自由控制他人是同樣的道理。

無論是在幼年、青少年期間，我想要的東西幾乎都沒在賣。但我知道它們的存在，因為在雜誌等報導上看過介紹。不過不知道要花多少錢，也不曉得哪裡有賣。當然，並非大

2　指連續三代都生在江戶，個性莽撞好強、性急易怒、瀟灑不羈、豪爽大方、裝扮花俏的公子哥等。

多都當作商品在販售，也有持有者自行加工製作，或是委託他人製作。

小學時的我想要一只懷錶。因為那時在電視劇中看到偵探隨身攜帶，當他從口袋拿出來時，上面會連著一條細細的鏈子。當我上國中以後請家人幫我買錶，去了鐘錶行卻沒有在賣懷錶。我還記得店家當時的回答：「這種東西現在已經沒有在賣了哦！」

在成年取得駕照後曾坐過古董車，當然，現在不賣這種車了，現在賣的都是最新上市的產品。已經沒有任何一家店在經銷販售它，倘若真有的話也是貴到離譜的價格吧！

展開尋覓之旅的年輕時代

這和玩具是一樣的道理。我想要的東西無法在任何玩具店買到。即使後來自己動手做模型，我想要的模型始終沒在模型店裡販售。

我一直住在名古屋，結婚後搬到三重縣。那裡與名古屋比起來是個鄉下地方，買不到的東西越來越多。在街上看不見任何一間模型店，更何況是有在經銷販售鐵道模型及模型飛機的店（也就是說，沒有專賣店）。為了買到想要的零件不得不去一趟名古屋，單趟車程約一小時以上，其實很難有這樣的餘裕（特別是白天）。

我太太是大阪人，曾在孩子出生後回過一趟老家。單趟車程將近三小時，所以經常留宿一晚就回家了。通常我會順便去大阪的模型店逛逛，雖然一開始還能找到幾個極為罕見的模型，但買了它們之後卻再也沒有想買的模型了。

以開車能到達的範圍來看，在我二十歲為止的所及範圍可以說是稱霸全國。若去東京出差，只要工作結束後還有時間的話，我就會繞去模型店，看看有在賣什麼。印象中因為沒有錢也買不起，但總之也找不到想買的。即使如此，仍期待著能碰碰運氣找到好東西，不辭辛勞地也要親自到現場看看。

我第一次去海外時也一樣。為了參加國際研討會的出差，一到達當地立刻調查當地附近是否有模型店（因為當時沒有網路，只能透過觀光導覽書來找，或是在旅遊服務中心、旅館中詢問）。

為了找尋稀有模型，美國、加拿大、德國、英國、法國、義大利、瑞士、韓國、中國等模型店我都繞遍了。那些地方確實有少見的模型，如果是量產，那就能在日本郵購；如果不是，並發現是由店主製作、獨一無二的模型，那就會進一步作交涉，詢問是否願意售出。即使願意賣，但價格談不攏，那也買不了，幾乎很少能買得成那些想要的東西。

網際網路是劃時代產物

進入九〇年代後，因為網際網路的普及化，開始了一連串天翻地覆的改變。首先，能利用電子郵件輕易的連繫到全世界的模型店。只要有對方的電子郵件就能傳達自己正在尋找的模型，因為模型雜誌上通常會附上電子郵件。

之後網際網路大量普及化，模型店都有自己的官網，也可以在網路上販售小批次的產品，這種情況對我來說簡直是天堂。雖然有這麼棒的事發生，但那時卻沒有很多人在網路上關注，當然，對搶先得知消息的人只有好處。我解讀為：大家都默默地在買吧！

過沒多久，個人網站登場，讓知名的模型製作師可以發表自己的作品，還有可以作為資訊交流的電子公告欄和網路論壇等出現，也開始繁盛發展。

接續登場的是網路拍賣。最早期是由日本的 YAHOO 拍賣網站開始，隨後也將版圖擴展至海外 eBAY。

除此以外，知名模型店開始在網路上販售中古商品，還有在網路時代之前就存在的傳統拍賣也能在網上陳列自己的拍賣品。這樣一來，可以買到的物品越來越多，種類也相當豐富。

網路拍賣改變了世界

在拍賣中出現的品項，少數為市面上絕對買不到的東西，以前有二手商和古董商專門從事經營二手貨和古董的生意。當收藏家去世後，持有人的家人都不知道他大半物品的價值，就將那些全部彙整賣給二手商和古董商。讓那些品項在店面展示，店家與店家之間進行交易後流通於市面，並售出寄給有興趣的客人。

網路拍賣並不受限於這樣的範圍內，透過使用網路的人們，具備向一般社會通知和推廣存在這樣品項的力量。

例如，模型店店主在閒暇之餘會自己動手製作，以前會在店家的櫥窗中展示，只有來訪的顧客會看到。在這些顧客中出現想要買的人之前是賣不出去的，其實是不怎麼好賣。不過與一般的產品不同，那是唯一一件品項，也就是說，只要有一位買家就完售了。最初參與網路拍賣的人並不多，但過沒多久瀏覽數就遍及日本全國了，只需要花上幾天，是有很大機率可以找到買家。

只要想要的人很多，價格理所當然地昂貴。網路拍賣對一般人的認知是能便宜買到中古商品的地方，就像假日在廣場上舉辦的跳蚤市場一樣。其實完全不是那樣，在我的認知當中，有價值的物品會在網路拍賣中賣最貴的價格，一點也不便宜。不過，最大的特色是，能找到非常珍貴的品項。

個人手作具有價值的時代來臨

不管怎麼說，網路普及化帶來了革命性的系統，拍賣是指個人之間的買賣，或是小規模的網路商店這種生意型態。而過去的生意講究如何大量化生產以壓低價格，好讓商品在消費大眾流行並販售，這種形勢完全顛覆傳統。

好比說，我認識的年輕人中有從事模型玩具上色的工作。他從中學開始就很愛模型玩具，手也很巧，做出的成品媲美專家。上大學後，開始在網路拍賣自己的手作品，他將以一千日圓左右購得的模型玩具組裝好，塗色後以數萬日圓賣出。

聽說他做一個作品只需要花一個禮拜（只有晚上才有時間），但一個月就能賺進十萬日圓左右。之後，他改成一次做兩個，所費時間似乎沒太大改變，銷售額卻能翻倍成長，這樣的方式多少會比較划算，如此一來又能使銷售額突飛猛進，這些是他跟我分享的故事。

所謂的模型玩具，如果是專家製作，可為套組的附加價值加乘數百倍。有人會願意出錢購買是因為想要成品卻不擅長手作，我想這種人應該很多。或許購買模型的這些人是在模型玩具的環境下成長的，卻對手作感到挫折的長輩們吧！

有價之物不會在市場中販售

所謂的金錢是可以用時間和勞力（或能力）等互換而來。以自己擅長的領域來賺錢，結果獲得想要的物品。若能理解這點，就可以嘗試思考自己比別人優秀的長處在哪。

我幸運地當上作家，獲得了過去不曾擁有、可以自由花用的一筆金額，並用這筆錢買到想要的東西。到目前為止，我自己的房間（包括書房、工作室、車庫和休閒娛樂室等）都塞滿我買的那些物品。

如此大方地消費，就會不時從各個店家收到通知：「現在有這些東西，有沒有興趣買呢？」還有世界各地的模型店也會不時寄信通知：「珍稀的新品現正到貨！」都是相當稀少的品項，由知名模型製作師為博物館製作，還有技師會為某位有錢人製作新品等等，便宜的大約也要五十萬日圓，最貴則是要價一千萬日圓，幾乎都買不起。

特殊物品有獨家的流通管道

特殊的模型應該要交給博物館及有錢人。製作者耗時製作的同時也會做一件預備品。同一時間製作兩件的做法是老派手法（也有可能三件以上）與前述那位模型製作的少年是一樣的。

萬一收藏的作品故障或損壞等狀況發生，就能拆下備品零件補上。近日由於CAD軟體[3]很發達，使用3D列印的人也增加了，多少會留存數據。然而像這樣的特殊單品若沒有留存詳細的零件圖面，多半會參考實物來製作。因此若能製作兩件相同的模型，也能將這些資料完整保存下來。

3　CAD軟體是一種用來創建2D和3D物理組件模型的軟體程式。

當人們的關注度降低時，還有一件備品可以賣出。在製作者去世的情況下大都由其家屬賣出。

即使不是上述情況，有時會出現製作者的試作品，或是雖然是出自知名的模型製造師之手，但因為商品其中有一部分損壞，通常會詢問顧客是否要購買。

年輕時會覺得「這些到底在哪裡有賣呢？」並且感到不可思議，現在總算知道了少部分商品會在哪裡販售了。

向懂得價值的人傳遞價值

即使是最上等的食材也會直接送往有名氣的餐廳，為了被美食客讚揚而使用。應該會以特別優惠交易吧！其次會把優良品送去給有錢人，這也是一個能高價賣出的管道。而其他剩下的品項，就會往一般市場流通，最後陳列在超市讓一般百姓或店家以普通價格買入。

我們先掌握這樣的順序，就能知道，雖然看起來像是在買自己想要的東西，但事實上是買了二級、三級品。

我不是美食家，所以完全不在乎這種情況，但若是自己想要的東西就另當別論了。如果是自己想要的東西，對它的瞭解會日益增加，也會增加鑑定能力，更加深想擁有的欲望。

只要稍作思考就會發現，所謂的性能就算與價格成等比例也無法高出價格。如果提高十倍的價格，就能取得十倍的性能嗎？首先，這種事情不可能存在。價格越高，性能因為有其極限，也不會和價格以同樣的比例增加。其實有時候性能只差一點，但若沒有付出高價就買不起。

會有這種感想的人，是因為不瞭解該領域的價值所導致。如果是對有深度研究的人來說，應該很合理吧！對一般人來說，十倍價格的料理無法感受到美味是否也增加了十倍，最多只吃出兩倍左右的美味吧？然而美食家就是那些具備感受其十倍美味的能力的人們。

當然，正是因為如此，才有那樣的價格，也就是說那種價格也有人買。

價值取決於評價者

所謂的物品價值，並不是由製作的時間、勞力及精力來決定，而是取決於評價其價值的人和購買的人，藉由他們的投射（或是設想）而認定該物的價值。

如果被訂下不符合該性能的價格時，那也賣不出去。若賣不掉就失去價值了，過沒多久在市場中的價格就會下跌吧！如果滯銷則會削價賣出，即使有人誤認為有價值而買入，轉手賣出也不會有好價格。

另一方面，若被認為有超出價格以上的性能時，首先會立刻銷售一空，買家也會以比原來更高的價格來賣出。這樣的反應比以前更快流通於市場，再經過觀察後就能立刻瞭解有多少價值。

只是會因為需求增多，而暫時出現價格飆漲的現象，並非商品性能獲得好評，單純是因為品項少、供應不及才會調漲價格。利用立即售罄來作為宣傳的商業手法，在近來是很普遍的。也因為手法太過普遍，消費者可能不會上當。

不必慌慌張張地急著買，反正在網上拍賣中還會看到有賣家拿出來競標出售，這種模式也變得很普遍。像是在體育賽事或促銷活動等情況，會看到排隊爭相購買，也許很有趣，但我不認為這種時候能讓消費者作出冷靜的價值判斷。

可以輕易滿足物欲的時代

以這個時代的趨勢來說，跟從前比起來更往少量生產來進行。隨著製作方法的數位化，只生產必要的數量，只保存必要的數位資料，以備之後隨時再次生產。以往大量生產降低成本的概念，感覺這個「大量」的數字會變得越來越小。

有很多少數產品產出也是因為這個理由。再者，即使在過去是屬於無法商品化的種類，有時也會被刻意挑選出來，轉向賣給少數人的生意模式。

因此，當前是想要的東西都可以入手的時代。而且比以前還要便宜的東西很多，過去遙不可及的東西，現在價格變親民可以入手了。以全世界來說，沒有大規模戰爭的發生，社會也持續進行生產，平均來說個人的生活也會越來越富足，只要有錢，想買的東西都能買得到，可以說這是承平時期的社會才有的模樣吧！

06
零物欲的人生真的好嗎？

希望你能回想一下，
到目前為止的人生中
有什麼快樂的事情嗎？

對於欲望麻痺的人

即使有人跟你說買自己想要的東西吧！但卻不知道自己真正想要什麼。例如，那些人云亦云、沒有主見的人會特別在意「流行趨勢」吧！希望別人來誇獎自己的所有物，為了拍照給別人看而外出、和別人做一樣的事，被想和大家分享的欲望給支配了。

假設有些人短暫忘記了上述隨波逐流的狀況，並試著重新思考自己想要和想做的事情時，卻腦袋一片空白，這樣過分在意他人眼色在過日子，誤以為和其他人一樣，就是自己真正想要的那些人。也就是說，他們對於欲望感到麻痺，無法讓身體自動反應去投其所好。這也可以說是一種病吧！

資訊化社會並沒有錯，聽從周遭的想法，不用判斷，也不用思考。只是一味地跟隨大家走著不會迷失的路，像這樣自己絕對不吃虧的輕鬆狀態，是很省力的生存方式。不必耗費體力、不必用腦就能達成。若持續這樣，連大腦也會跟著因為運動不足而變胖變遲鈍。

隨波逐流很安心

這樣的傾向年紀越大越明顯，年紀越大越少動腦。他們建立了奇怪的自信，認為「這就是我的生存方式」，事到如今也沒想去改變。因為太過頑固、頭腦僵化，變成只敢遵守常規的人。

仔細想想，像這樣的制度在這社會中相當常見。舉例來說，有「季節風物詩[1]」這種習俗，在元旦必須看日出、在櫻花盛開之際必須去賞花，在中秋佳節賞月時必須供奉月見糰子[2]等等，自古流傳這樣的「慣例」活動。

我不是說現在不能再有這些風俗習慣，喜歡的人仍然可以做，但至少問問自己是否真的喜歡嗎？

如果連自己想做、想要都不知道的人，容易陷入什麼都沒做的狀況中。因此慌亂地想

1 在日本，風物詩指的是在季節中具代表性、能讓人聯想到這個季節的事物。可以是自然現象、文化活動、感官體驗、生物、時令商品，等等與這個季節有關的一切。

2 糰子又可稱作糰子串、烤糰子，是和菓子的一種。

要吸收很多知識，從電視裡看來的、書裡讀到的，周遭有誰在做的事，從中找尋自己可能喜歡的。稍作嘗試後，也會明白其中有多少樂趣。但或許還是會抱著「這真的是我喜歡的嗎？」這種疑問。即使不用做到那樣，光是去翻翻雜誌，去想這種生活不錯、想去這個地方等，這樣消磨時間，也許這樣的人占更多數。

把工作當成興趣的人

現在的長輩們，在過去支撐著高速經濟成長時期的日本。因為有很多人共同分擔，每個人的負擔程度如何不得而知，總之曾是相當忙碌的時代，很多人都說連享受個人的興趣的時間都沒有。在那高速經濟成長期之後出生的我也是相當忙碌，埋首於工作。但還是有去享受個人興趣。我認為喜愛的事物無論何時都必須列為第一優先，人們認為工作第一的想法是錯誤的，應該列為第二優先才對，或許是因為我對於興趣有這種廢寢忘食的自信才會列為第一。

大部分的情況下，埋首於工作的人們，認為工作像是興趣一樣的存在。譬如運動，打團體戰雖然辛苦但很有成就感，工作也會感到有趣。眾多企業因此日漸茁壯，往全球化腳步邁進。

不過如今團隊已解散，工作的夥伴們不玩在一起了。一回神，才發現家人不再相聚，夫妻也不再如影隨形地同進同出。把一切想得太天真了，與原本的期待背道而馳。

與年輕時比起來，金錢的運用變得非常自由，沒有小孩就不必在教育上花很多錢、不必固定的居住環境、下班後也不會和同事一起去喝酒，老年生活意外地節儉。那麼是為了什麼而花錢呢？

當然，因為已經沒在賺錢不能隨便浪費。而且時間的確很多，會害怕如果這樣每天發呆下去，是不是老化也會提早報到？即使是現在，也是可以多投入些時間和金錢在自己喜愛的事物上。然而我到處詢問別人「喜歡什麼呢？」卻發現很多人都回答不出來。

抒解壓力才是生存目的

另一方面，年輕人的情況如何呢？總之他們是沒錢的。想住在比較好的地方、和朋友交際也要花錢，穿著也不能便宜行事。想做的事情太多但工作很忙，為了抒解壓力，想著至少星期日能做自己喜歡的事，但總是不小心睡過頭，變成一整天只有做到洗衣服這件事而已。

想著不得不為將來打算時，轉眼間已經三十歲了，再這樣拖拖拉拉下去年紀越來越大，這樣的人生該如何是好？開始抱持著不安感，雖然想擁有自己的家庭這種不切實際的希望，但也不知道該怎麼辦，只是匆匆地過著每一天，什麼也沒改變。

年輕人也有整頓自身環境的打算，包括家庭、人際關係、居住地或工作志向等，在某種程度，上述幾點或許有達成一部分。不過，經常事與願違，因為這些事沒辦法用錢買下。

像孩子一樣誠實地面對自己的憧憬

那麼，該怎麼做才好呢？

答案非常簡單，去做吧！可以開始著手自己計畫，而且任何地方都找不到方法，只能靠自己。也許有點殘酷，但字面上只能這樣寫。

當然，有時也會有幸運降臨，有人在很好的家庭環境下誕生，人們會羨慕這種幸運是很好，但要如何將這種心情轉換成自己前進的動力呢？關於這點將決定往後的人生，若只會怨嘆自己運氣不佳的話什麼都不會改變。像這樣的情緒，說白了相當無謂，及早拋棄這種想法才能讓身心健康，更容易向前邁進。

我想羨慕他人的心情是很重要的，但這是為什麼呢？因為能知道自己想要的東西和想做的事。瞭解事物的價值，就是將價值入手的第一步，等同於取得重要的目標。因此，能誠實地有所憧憬和感到羨慕是讓人成長的原動力，大家小時候不也是經常如此嗎？憧憬並不可恥，然而，一旦成年，卻因為難為情而做不到，無法坦然以對。

不要錯過突如其來的直覺

雖然一開始的目標模糊不清、似乎遠在天邊閃耀著光芒，可是有時會有「就是這個」這種天外飛來直覺的瞬間吧！請勿錯過這種的怦然心動的感覺，人們生來就具備這種「感應器」。

這件事我和太太難得地達成共識。當想要買比較好的東西跟太太商量時，就會變成「如果要這樣討論的話，就證明根本沒有很想要，如果絕對想要，那麼一定會有更肯定的直覺才對」這樣的想法，就結論而言就是不買，也就是再忍耐下去。

在與「靈光一閃的直覺」相遇為止，如果有錢，那麼當哪天出現預感時就不必躊躇能立即決定。反之，如果買的東西不能吸引自己，那麼等到之後真正出現想買的就會後悔。

雖然這不是自誇，但我到目前為止對於自己買的東西，從沒有過「買了這個真是一大敗筆」這樣的後悔，為什麼？因為買了以後我就對相同產品失去興趣，也不會再去關注。所以即使往後出現了更好的產品我也無從得知。

隨時間流逝，絕大部分的商品都會貶值，市面上有更好的新產品問世也很常見。不過，因為是想立即使用、不想等下去才買的，早點買也等於早一步消耗其價值，也算是回本。

我從未後悔過

若購買當下有下好決心的話就不會後悔，不只在購物上，原本我就從來沒讓自己後悔過。說到這裡，我曾被說過：「只講好聽的話，好為自己推託而已。」這世上有人會故意陷自己於不利嗎？就算有，可能我也無法理解。為什麼非得讓自己陷入不利的情況呢？

總之，在買入時必須考量很多可能性，也會調查有沒有其他可能性。如此經過一番努力而買的話，自然不會後悔，不過，事實呢？即使之後得知新事實時，會想：「因為那時不知道，所以就算後悔那也不是我的責任」。這樣想就好了！只想對自己有利的話並非壞事，不為他人帶來困擾，也不為自己帶來損失，這是無可厚非的。

保持好奇心

沒有物欲，是一種很空虛的狀態。如果這世上沒在賣你想要的產品，這種情形還可接受，某種意義上來說更棒，因為可以找相似物自己改造，或是自己從零做起等各種方法，這樣還能度過相當愉快的時間呢！

確實，最痛苦的莫過於自己腦中沒有想要的東西。換句話說，就是無法作任何想像吧！

總之，經常保持好奇心，尋找自己想要的東西。大家普遍在最初就有「那樣做會多花錢」的預期心態而放棄尋找，一直停在原地維持目前的生活。不曉得是不是因為有這種不想開展新事物的心態，導致自己無法想像真正想要的東西為何呢？

說到好奇心，小時候應該人人都有吧！原本人類最大的特點就是擁有好奇心。人類的好奇心比世界上任何動物都要強烈，因此，今日的地球才能如此繁盛，所有的科學及文化都是因好奇心驅使而開始的。

為了滿足好奇心，去獲取想知道的事、碰觸想要入手的東西、嘗試新事物，並確認是否一切如自己所想像。就像孩子什麼都想自己動手做看看，這就是人類原本的特質，原始的生存本能。

回想眼裡閃耀光芒的時刻

人們出社會後多少會為了生活而感到疲憊。為了保險起見，和周遭的人維持同步調的話，應該可以生存下去吧。不能與眾不同，不能為所欲為，大家都被社會這樣規範著、受到支配，自身的自由將大大地縮減，現在的你也許就是這樣的狀況。當然，如果認為自己很好，這樣的生存方式還可以，那我只能說「祝你幸福」。

然而，有些人的人生會因為其他因素而綁手綁腳；有些人會覺得自己過於平淡的人生太黯淡了；有些人則是時常想起自己童年的夢想而嘆氣，還有一些人是決定接下來的人生都要為自己而活。像以上這些人們，我希望能先多考量各方面，只要替自己著想就好，不要在意其他人。希望你能回想一下，到目前為止的人生中有什麼快樂的事情嗎？是否曾經有在何時何地，讓你眼裡發出閃耀的光芒？

請重新找回當時的心情，一點一滴地嘗試探究自己能做的事，試著去做，不必過於焦急，這不是在與誰競爭，也沒有限制時間。即使在生命終結之前都沒有實現，也不會被追究責任。即使半途而廢，也算擁有了屬於自己的一段快樂時光吧！

像這樣的快樂，對你而言，才是真正的價值。

後記

找回自我，肯定自己

金錢，必須花在自己想要的東西上。比起必需品，請優先考慮「自己想要的東西」是本書的主題，也就是說，花錢是為了獲得對自己而言有價值的東西，我認為是找尋自我價值的方法。

不過在這網路時代裡，我觀察到大多數的現代人都迷失了自己。把大部分的自我都放在社會上自己扮演的角色，或是社會上的自己是如何被評價的。以社會學專有名詞來說，這即是「客我（Me）」，而不是「本我（I）」。

我在本書中一再強調的「自己」，是指能夠評價自身的你。自己真正喜歡的事情和真正想做的事，可以說是你感受到的自我本質。暫且忘卻他人的存在，姑且不論自己在社會上的地位及人際關係，重新檢視自身的行為和思考，應該能幫助你回復到原來真正的自己。

像這樣好好保有真正的自我，反倒能貢獻社會，並獲得來自社會大眾的肯定，那才是正確的順序。而對自己無法掌握，卻又希望能得到他人認同、得到別人的感謝、想與他人一起感動、想成為別人憧憬的存在，這樣的心理與自己原本的能力和欲望背離，容易形成不切實際，又徒勞無功而岌岌可危的結構。

人生的目標在於「自我滿足」

不久前流行過「尋找自我」這句話。還有最近的說法：「作如同真人的自己（作真正的自己，忠於自我）。」非常醒目，對任何人來說，與自己最親近的只有自己，這種「真人」的用詞感覺不太自然，希望大家可以多想想。

所謂「尋找自我」是指找到「讓自己感到快樂的事」，而「作如同真人的自己（作真正的自己，忠於自我）」也就是等於認知到自己是獨立個體的這件事。

若把自己放在與他人之間的關係上加以評價會感到相當焦慮，也會看不清自己原來的想法。會因為不被別人讚揚而不開心、不和別人在一起而抑鬱、不表現給別人看就失去人生意義，這樣的價值觀其實是在消滅自身的存在。

即使不被稱讚，也應該要對感到開心的事而開心，並在獨處時暗自竊喜，對於自身的行為只有自己看得最明白，深信不受肯定就是沒有價值的想法是錯的。那到底是誰創造了這樣奇怪的價值觀呢？然而在不知不覺中，將這樣的價值觀加諸於自己的這一切，正是你我。

我們都被教導不能追求自我滿足，被強迫追求與大家相同的事物。於是採取群體行動，從小經常被提醒「不要脫隊，不要跟大家不一樣」，當然大家齊心協力團結一致絕對不是白費力氣，那是重要的原則之一，不過那不應該代表全體。

從人生目標來看，我認為自我滿足是件不錯又很光榮的事。不過為了能在社會上繼續生存下去，很難與他人完全切割。為了好好珍惜自己，第一步是不為他人帶來困擾，給人方便等於給自己方便，這種良善兜兜轉轉地，最終會回流到自己身上，為自己帶來好處。

有錢能使鬼推磨

金錢並不是私人化物品，如果沒有社會，它的存在也沒有意義，無論是在人際關係或社會的立場上，也都與金錢息息相關。舉例來說，這與「語言」也許有點相似。「語言」原本就是為了傳達想法而使用，語言能加深自己的思考，甚至能跨越時間限制，傳達人們的意思。

同樣地，金錢也是傳達意思的工具，在社會中發生的所有事情都與金錢有關，但沒有必要為了與錢相關的問題頭痛。金錢絕非忌諱之物，只要有錢，很多問題都得以解決，金錢幫助人們的例子相當多。在現今社會當中，「有錢能使鬼推磨」這句話不無道理。

將作為社會工具的金錢用於「I」這個自我滿足的議題上，就原本意義來看可能會產生矛盾和疑問：為什麼只屬於自己一個人的世界和孤獨一人的價值，會需要社會性的力量呢？

我認為這種矛盾是因為精神和肉體是無法切割的。無論是欲望或是滿足感都是精神的一種作用，而精神因肉體存在而成立。又因為肉體在社會中生存著，無法與社會的運作分離，就是這個道理。

在願望之中，當然也有完全以精神性活動就能達成的類型。如果有這樣欲求的人幾乎不需要花錢，只要將生存最低限度的活動託付給肉體，就能維持幸福感吧！

金錢成為衡量「想要的程度」的量尺

如本書所述，對於不花錢就不會感到開心的人來說，只要能賺得多，成為有錢人就好；而對於不花錢也能感到快樂的人來說，可以不必汲汲營營地工作，這些是我的建議。無論哪一種，就追求自我滿足這點來說都是相同的，為了自己的價值而生存。實現這個價值對自己來說，就是獲得自由、得到幸福。

像這種情況，金錢在這二種類型的人來說都扮演相同的作用，就目的來說，須防範過猶不及。也就是說，沒錢很困擾，但太有錢也沒有意義。

自古以來，大部分的日本人仍抱著「避談錢」的風氣。金錢是單純的數字，如同測量長度和重量一樣，只是測量價值的一種數字。雖然價值因人而異，但還是能通過價格來瞭解大致狀況。

「要多少錢你才想買？」這種數字，也就是人們衡量「想要的程度」。這種程度因人而異，但即使同一個人也會隨時間而改變。具有在某個瞬間作為衡量的標準，這就是金錢的作用。

以自己買單的心態考量才能瞭解其價值

我以前常和父親一起去古董店詢問價格，瞭解那裡物品的價值。即使長大成人以後，這種物品的價值也會以價格來作為考量。會去估算自己能出多少錢，多少錢可以買。古董店不會標出價格，如果有想要的東西只能向店家詢問，在詢問之前應該先決定可購買的價格範圍才對。

只有打算要買的心態，才能瞭解其價值。不斷累積這種經驗就能磨練出明辨價值的眼光，讓店家回答的價格與自己猜想的不會差太多，也就是說，任誰看了都知道值多少錢。

即使是模型、畫作等美術品也是這樣。再者，我和太太一起去時裝店時，我比太太更能準確地猜中價格。我說大概多少錢，太太查了價格標籤都大致相符，不會超過上下三成左右的範圍，那些看起來價格不斐的確實都很貴。

只是我也有看走眼的時候，那就是名牌。比我預估的價格還要貴上幾倍，因為我不覺得名牌有價值所以產生的誤差吧！

完全看不出物品價值的人，也就是沒有抱著「自己買單」的態度來看，或許是因為以他人或公款支付的，當然不會明白其價值。唯有花用自己賺的錢才能記住「這種程度的金額是可以進行交易」的這種感覺，進而形成一個人的價值觀。

人會成為自己所期望的模樣

不管是否在工作上調度了多麼龐大的巨款，仍不能影響與自己的金錢觀。還有，人們會以自己所得的範圍來衡量物品的價值。因此根本沒有興趣想瞭解高價品的價值，會有這種心態也很正常，但完全不想瞭解也就代表在不知不覺中可能會錯過些什麼。

我經常這麼說：人們往往想成為自己期望的模樣。在日常生活中，大家都以自我欲望作為基礎來選擇自己期望的道路。

若有想要的東西、想做的事，請務必實現它。為了達成欲望去思考如何入手和實現的方法，並展開行動。努力接近目標的過程中，有時會認為是不是太勉強了呢？抱著不安的心情很正常，但只要持續努力，不放棄的話，至少你已經在接近中了！

如果無法實現，也就是選擇「放棄吧！」這條路，那也算是符合個人的期望。

好好整理想要與必要的東西

如本書中所述，我很少將自己的所有物賣掉。唯有幾次例外，就是我在學生時賣掉漫畫，還有為了買新車時，把之前的舊車拿去汰換。

還有關於土地和房屋，至今我已購入和建造好幾次了，從來沒有賣出。會購買是因為我想要，所以不打算賣出。然而當我看到人們經常在網路、跳蚤市場上競標時，總是感到不可思議，為什麼世上的人們買了又要拍賣呢？。

恐怕是因為沒有好好考慮後就衝動購買吧？又或者是因為受到「如果現在不買，之後就買不到」的這種威脅性廣告標語才買下的吧？還有，就連因為必要才買，不久後又被賣掉的情況也很多，這也是因為不再需要了嗎？我感到不可置信。
我不賣出自己的所有物，是因為不需要錢；我兼差開始寫小說，也不是為了賺錢，而是想擁有能鋪設鐵路的地方罷了！
讓我們來整理一下想要和必要的東西之間的差別。
如果不知道自己想要什麼的話，只要切斷手機電源一個月，我想多少可以明白吧！如果能好好珍惜、善用感受孤獨時光的話，也許就能夠發現自己想要的是什麼。
首先，花錢買孤獨也是個不錯的提案吧！
為了能得到孤獨而花錢，不覺得很風雅嗎？可以說是真正的美學！
我也想試著再多付出一些時間，更加精進自己，多感受一下孤獨感，帶著些許寂寞，好好地沉思什麼才是最佳的消費方式。

金錢心態

認清金錢的價值，重新定義慾望本質，做個真正「富足的人」

作　　者　森博嗣
譯　　者　童唯綺

發 行 人　林敬彬
主　　編　楊安瑜
編　　輯　高雅婷
文字編輯　李睿薇
封面設計　蔡致傑
編輯協力　陳于雯、高家宏

出　　版　大都會文化
發　　行　大都會文化事業有限公司
11051臺北市信義區基隆路一段432號4樓之9
讀者服務專線：(02)27235216
讀者服務傳真：(02)27235220
電子郵件信箱：metro@ms21.hinet.net
網　　址：www.metrobook.com.tw

郵政劃撥　14050529 大都會文化事業有限公司
出版日期　2022年10月初版一刷
定　　價　330元
ISBN　978-626-95156-8-4
書　　號　Success-096

國家圖書館出版品預行編目（CIP）資料

金錢心態：認清金錢的價值，重新定義慾望本質，做個真正「富足的人」/森博嗣　著；童唯綺譯
-- 初版. -- 臺北市 : 大都會文化事業有限公司
,2022.10 ;208面;14.8×21公分. --譯自 :お金の減らし方 (Success-096)
ISBN 978-626-95156-8-4(平裝)

1. 金錢心理學 2. 價值觀

561.014　　111001847